Hinweis zu den Hörverständnisübungen in Español Actual

In dieser Auflage wird auf Audio-CDs verwiesen, die jedoch nicht mehr lieferbar sind.

Die vollständigen Übungen stehen Ihnen weiterhin zur Verfügung, sie können bequem und kostenlos über die unten angegebenen QR-Codes abgerufen werden. Scannen Sie hierzu einfach den jeweiligen QR-Code mit Ihrem Smartphone oder Tablet.

Alle Aufnahmen wurden mit professionellen spanischen Sprecherinnen und Sprechern produziert; die musikalischen Improvisationen stammen von einem spanischen Gitarristen.

Wir empfehlen, die Hörverständnisübungen begleitend zum Buch zu nutzen, um Hörverstehen und Aussprache gezielt zu trainieren.

**Audiodatei
Lehrbuch 1**

**Audiodatei
Lehrbuch 2**

**Audiodatei
Übungsbuch 1plus**

Español Actual

Lehrbuch 1

Spanisch für Anfänger

von Dr. Esther Peleteiro Rueda
Illustrationen von Otto Benz

4. überarbeitete Auflage

Alle wesentlichen Texte, Dialoge und Anekdoten aus diesem Lehrbuch sind auf einer Doppel-CD („CD 1", ISBN 978-3-88264-386-2) enthalten, die mit professionellen spanischen Sprecherinnen und Sprechern produziert wurde; die musikalischen Improvisationen stammen von einem spanischen Gitarristen.

Es wird empfohlen, die CD zusammen mit diesem Lehrbuch von Anbeginn des Lernens einzusetzen – das Verständnis für die spanische Sprache wird auf diesem Wege deutlich gefördert.

ISBN 978-3-88264-**381**-7

© 2004 (Nachdruck 2024)
FELDHAUS VERLAG GmbH & Co. KG
Postfach 73 02 40
22122 Hamburg
Telefon +49 40 679430-0
Fax +49 40 67943030
post@feldhaus-verlag.de
www.feldhaus-verlag.de

Illustrationen: Otto Benz
Satz und Layout: FELDHAUS VERLAG, Hamburg
Umschlaggestaltung: Reinhardt Kommunikation, Hamburg
Druck und Verarbeitung: WERTDRUCK, Hamburg

Bibliografische Information der Deutschen Nationalbibliothek
Die Deutsche Nationalbibliothek verzeichnet diese Publikation in der Deutschen Nationalbibliografie; detaillierte bibliografische Daten sind im Internet über http://dnb.d-nb.de abrufbar.

Prólogo

Cuando nace algo, se tienen esperanzas y deseos de que el nuevo ser crezca y se desarrolle. Cuando se crea algo, se tienen deseos y esperanzas de que sea útil a aquéllos para los que va destinada la obra.

Yo he tenido la suerte de vivir el nacimiento, la creación, el hacerse de esta obra que sale de las manos de Esther Peleteiro.

He conocido su esfuerzo, su autocrítica, sus inquietudes, sus dudas y, a veces, su desesperación, pero también su tenacidad y fuerza de voluntad. Todo ello al fin se ha visto premiado con una obra, a mi opinión, digna de valor y útil para aprender el español actual.

Sin duda es difícil juzgar cuál es la mejor obra (todo es subjetivo y depende de las personas, docentes y alumnos, sus circunstancias, su preparación y predisposición), pero "Español Actual" puede adaptarse perfectamente a quien de verdad esté dispuesto a trabajar y aprender en serio y con humor. La obra presenta en la estructura de cada lección base suficiente para motivar conversación, entender y practicar con facilidad la gramática, hacer los ejercicios con agrado y, desde el principio, tratar expresiones, modismos, dichos y refranes, para así acostumbrarse al lenguaje coloquial.

No hago estas manifestaciones por decir algo tras ojear el contenido, sino por haber trabajado semanalmente durante más de un año con los manuscritos de la misma (me dedico a la enseñanza del español desde hace 25 años), con alumnos de todos los niveles y formación. La experiencia fue muy positiva, tanto por mi parte como docente como por parte de los alumnos, quienes con frecuencia me han expresado elogio, agrado y contento con la obra.

Es mi punto de vista, que extiendo a quienes se inicien en el trabajo con "Español Actual".

A quienes utilicen este método les deseo gran éxito.

F. Javier de la Torre y Montes de Neira
Canciller del Consulado General de España en Stuttgart

Danksagung

Für die vielen konstruktiven Anregungen möchte ich mich herzlichst bei Herrn Javier de la Torre y Montes de Neira, Frau Dolores Hernando Jiménez und Frau Roswitta Binder bedanken.

Mein besonderer Dank gilt Herrn Juan Marcos Peleteiro Moreno für die linguistische Beratung und seine zahlreichen Anregungen.

Besonders viel Freude hat mir die Zusammenarbeit mit Herrn Otto Benz bereitet. In jeder der Illustrationen spiegelt sich sein Ideenreichtum und seine Liebe zum Detail wider.

Die Verfasserin

Einführung

„Español Actual" ist ein modernes Spanisch-Lehrwerk für die Erwachsenenbildung, das an Volkshochschulen, Sprach- und Dolmetscherschulen sowie an Gymnasien und Universitäten eingesetzt werden kann. Es besteht aus den Lehrbüchern 1 und 2 (für Anfänger und Fortgeschrittene), zu denen es jeweils Übungsbücher, Lösungshefte und Sprach-CDs gibt.

Wichtigstes Lernziel ist die Kommunikationsfähigkeit. Die Texte zeigen den spanischen Alltag und befassen sich mit allgemeinen, interessanten Themen. Viele Lektionen sind der Landeskunde und der Geschichte Spaniens und Hispanoamerikas gewidmet. Besondere Aufmerksamkeit erfahren Wörter mit mehreren Bedeutungen. Sprichwörter, Anekdoten und Witze beleben und bereichern die Lektionen.

Die zahlreichen Zeichnungen, Cartoons und Bildergeschichten in **Lehrbuch 1** sind ein methodisch wesentlicher Bestandteil des Werkes, der in enger Verbindung zu den Texten und der Grammatik steht. Die Illustrationen lockern den Lernstoff nämlich nicht nur auf, sondern erleichtern das Verstehen und fördern die Kommunikation. Sie eignen sich für die Einführung neuer Vokabeln oder Strukturen sowie in besonderer Weise für die Transfer-Phase und für Nacherzählungen. Zum Lehrbuch 1 und zum Übungsbuch 1 plus sind außerdem alle wesentlichen Texte und Dialoge bzw. Hörverständnisübungen auf CDs erhältlich.

Das Übungsbuch 1 enthält für jede Lektion ein Vokabelverzeichnis sowie Übungen, Übersetzungsaufgaben und Wiederholungen, die der Festigung und Überprüfung des Erlernten dienen sollen. Das Übungsbuch 1 plus hat einen ähnlichen Grundaufbau; im Vordergrund stehen dort jedoch vielseitige Konversationsaufgaben, Hörverständnisübungen und Diktate. Wesentlich ist außerdem der gleichzeitige Einsatz der separat zu beziehenden CDs zum Lehrbuch 1 und Übungsbuch 1 plus.

„Español Actual" erfüllt die Anforderungen der Zertifikatsrichtlinien des Deutschen Volkshochschulverbandes. Die Manuskripte zu „Español Actual" sind vor der Drucklegung in Spanisch-Kursen verschiedener Art (Volkshochschule Stuttgart, Mörike-Gymnasium Stuttgart, Universität Hohenheim, Süddeutsche Rundfunk-Fortbildung) erprobt worden.

Die vierte Auflage wurde sorgfältig überarbeitet und aktualisiert, soweit z. B. die Einführung des Euro Einfluss auf Texte und Dialoge hatte oder die neue deutsche Rechtschreibung umzusetzen war. Sprachliche Fehler und missverständliche Formulierungen, auf die der Verlag von professionellen Nutzern hingewiesen worden war, wurden bereinigt. Die Überarbeitung wurde von einer aus Spanien stammenden Dozentin begleitet, die seit langen Jahren mit dem Werk in Deutschland unterrichtet.

Der Verlag

Inhalt   Índice de materias

Geschichtlicher Überblick zur Entwicklung der spanischen Sprache

30.000 bis 8.000 Jahre v. Chr.

An die Menschen, die in diesem Zeitraum in Spanien gelebt haben,
erinnern viele Höhlenmalereien, wie bei Burgos (ca. 30.000 Jahre v. Chr.),
in Altamira bei Santander (ca. 15.000 Jahre v. Chr.) und bei Guadalajara.

8.000 bis 1.000 v. Chr.

Die Iberer wandern, wahrscheinlich während des Neolithikums, aus Afrika ein.
Gegen 900 – 600 v. Chr. kommen aus Mitteleuropa keltische Stämme.
Durch die Vermischung von Iberern und Kelten entsteht ein neues Volk, die
Keltiberer.
Später folgen Phönizier, Griechen und Karthager.

218 v. Chr. bis 409 n. Chr.

Die iberische Halbinsel gehört zum Römischen Reich. Römische Soldaten
und Ansiedler sprechen Vulgärlatein, aus dem sich im Laufe der folgenden
Jahrhunderte alle Sprachen auf der iberischen Halbinsel (außer „vasco")
entwickeln.

409 bis 711 n. Chr.

Germanische Stämme fallen in Spanien ein. Die Westgoten bilden ein
einheitliches Reich, das sich über die gesamte iberische Halbinsel erstreckt;
Hauptstadt wird Toledo. Damit liegt das politische Zentrum zum ersten Mal
in Zentralspanien.

711 bis 1.500 n. Chr.

Die Araber („Mauren") vernichten das Reich der Westgoten und machen
Córdoba zur Hauptstadt.
Während der etwa 700 Jahre dauernden „Reconquista" (Befreiungskampf
von der Maurenherrschaft) entsteht eine Reihe selbstständiger christlicher
Königreiche. Die Sprache wird von den Arabern deutlich beeinflusst und
bereichert. 1469 heiraten Isabella von Kastilien und Ferdinand von Aragón.
Dadurch wird das Königreich Spanien wieder vereinigt. Im Jahre 1492 wird
Granada erobert und die maurische Herrschaft in Spanien beendet. In
dieser Zeit werden alle Juden aus Spanien vertrieben; mit der Entdeckung
Amerikas durch Christoph Columbus beginnt die Ausbreitung der
spanischen Sprache auf dem amerikanischen Kontinent.

Im Jahre 1561

Madrid wird Hauptstadt des spanischen Königreiches und ist es, bis auf
eine kurze Unterbrechung von sechs Jahren, bis heute geblieben.
Allmählich entwickelt sich die Mundart Kastiliens, „castellano" genannt, zur
Schriftsprache und später zur offiziellen Landessprache Spaniens.

Die spanische Sprache heute

Die spanische Sprache, heute sowohl „español" als auch „castellano"
genannt, wird weltweit von über 300 Millionen Menschen gesprochen:
Außer in Spanien (hierzu zählen auch die balearischen und kanarischen Inseln),
in Mittel-und Südamerika (ohne Brasilien) und teilweise auf den
Philippinen.
Neben der offiziellen Sprache „castellano" werden in Spanien noch drei weitere
Sprachen gesprochen: „gallego" in Galicien, „catalán" in Katalonien, Valencia
und auf den Balearen, „vasco" im Baskenland. Castellano, gallego und catalán
haben sich aus dem Vulgärlatein entwickelt, während vasco, das vermutlich
in der Neusteinzeit entstanden ist, eine der wenigen noch lebendigen, nicht
indogermanischen Sprachen Europas ist.

Das spanische Alphabet   **El alfabeto español**

Buch-stabe		Spanischer Name		Buch-stabe		Spanischer Name		Buch-stabe		Spanischer Name
A	a	a		J	j	jota		R	r	erre
B	b	be		K	k	ka		S	s	ese
C	c	ce		L	l	ele		T	t	te
Ch	ch	che		Ll	ll	elle		U	u	u
D	d	de		M	m	eme		V	v	uve
E	e	e		N	n	ene		W	w	uve doble
F	f	efe		Ñ	ñ	eñe		X	x	equis
G	g	ge		O	o	o		Y	y	i griega
H	h	hache		P	p	pe		Z	z	zeta, zeda
I	i	i (latina)		Q	q	cu				

Das spanische Alphabet umfasst 29 Buchstaben. Eigene Buchstaben, die das deutsche Alphabet nicht kennt, sind: **ch**, **ll**, **ñ**.

k und **w** kommen nur in Fremdwörtern, Eigennamen, Namen von Ländern, Städten usw. vor.

Die Vokale   **Las vocales**

Die fünf spanischen Vokale **a, e, i, o, u** werden halblang und offen gesprochen.
Die schwachen Vokale **i** und **u** bilden miteinander und mit den starken Vokalen
a, **e** und **o** Diphthonge, dadurch entsteht aber kein neuer Laut und keine neue Silbe.
Alle spanischen Vokale, egal in welcher Reihenfolge sie erscheinen, behalten
ihren vollen Lautwert.

Nur in folgenden vier Fällen wird der Vokal **u** im Spanischen **nicht** ausgesprochen:

que	(Cadaqués, Enrique)	**gue**	(Guernica, Miguel)
qui	(Quito, Quijote)	**gui**	(Guinea, guitarra)

Das spanische Alphabet   **El alfabeto español**

Die Konsonanten   **Las consonantes**

b/v Zwischen **b** und **v** gibt es in der Aussprache keinen wesentlichen Unterschied.
Am Anfang oder nach **m** und **n** werden **b/v** wie **b** in „Baum" ausgesprochen

Barcelona	Valencia	Venezuela	Brasil

Zwischen Vokalen sowie vor und nach Konsonanten (außer **m** und **n**) werden
b/v viel weicher, zwischen den Lippen, ausgesprochen

Cuba	Cervantes	Huelva	Pontevedra

c/qu Aussprache wie der deutsche Buchstabe **k**

ca	**que**	**qui**	**co**	**cu**
Caracas	Cadaqués	Quito	Colombia	Cuba

(bei **que** und **qui** ist das **u** stumm)

c/z stimmloser Lispellaut, etwa wie das englische **th** in „thing"

za	**ce**	**ci**	**zo**	**zu**	**-z**
Zaragoza	Barcelona	Valencia	Amazonas	Venezuela	La Paz

ch Aussprache wie „cha-cha-chá"

Che Guevara	Chile	China	Ochoa

f Aussprache wie der deutsche Buchstabe **f** in Feld (**ph** kommt im Spanischen nicht vor)

Francia	Filipinas	Formentera	Fuerteventura

Español Actual – Lehrbuch 1 © FELDHAUS VERLAG, Hamburg

Das spanische Alphabet   **El alfabeto español**

g   Aussprache wie im deutschen Wort „Portugal"

ga	**gue**	**gui**	**go**	**gu**
Portugal	Guernica	Guinea	Santiago	Nicaragua

(**u** ist stumm bei **gue** und **gui**; ausgesprochen wird es bei **güe** und **güi**)

g/j   wie deutsches **ch** in „Kachel", „Dach", „Buche"

ge	**gi**
Argentina	Gibraltar

ja	**je**	**jo**	**ji**	**ju**
Jaén	Jerez	Gijón	Jijona	Juan

h   wird nie ausgesprochen

La Habana	Honduras	Holanda	Hamburgo	alcohol

k   kommt nur in Fremdwörtern vor: **kilo, folklore**

ll   ungefähr wie ein **j** im deutschen Wort **ja** ausgesprochen

Mallorca	Sevilla	Marbella	Castellón

ñ   Aussprache wie in „Champagner" oder „Champignon": **España**

r   in der Mitte des Wortes wie bei „Buenos Aires" oder „Perú",
am Anfang und nach **l**, **n** oder **s** stark gerolltes „Zungenspitzen-r"

Río	Enrique	Roma	Israel

rr   kommt nur in der Mitte des Wortes vor und wird wie ein **r** am Anfang
ausgesprochen: **Navarra**

Das spanische Alphabet   **El alfabeto español**

w   kommt nur in Fremdwörtern vor: **Washington**

x   vor Vokalen wird **x** wie im deutschen Wort „Taxi" ausgesprochen

> examen   taxi

vor Konsonanten wird **x** wie **s** ausgesprochen

> excursión (Ausflug), extranjero (Ausländer)

y   allein (y = und) oder am Ende eines Wortes wird es wie ein deutsches **i** ausgesprochen

> Uruguay   Paraguay

vor einem Vokal wird es wie ein **j** im deutschen Wort **ja** ausgesprochen

> Yugoslavia   Yucatán   Guayana

Bitte beachten:

Im Spanischen kommen sehr selten zwei gleiche Buchstaben hintereinander vor; Ausnahmen:

ll   Mallorca   – eigener Buchstabe
cc   acción (Aktion)   – zwei Silben
ee   leer (lesen)   – zwei Silben
nn   innovación (Neuheit) – Vorsilbe
rr   Navarra   – einzige wirkliche Verdoppelung

Español Actual – Lehrbuch 1 © FELDHAUS VERLAG, Hamburg

Betonungsregeln   **Reglas de acentuación**

---

1. Endung auf **Vokal, n** oder **s**: die vorletzte Silbe wird betont.

   Barcel**o**na, Car**a**cas, Alem**a**nia, Esp**a**ña

2. Endung auf **Konsonant** (außer **n** oder **s**): die letzte Silbe wird betont.

   Gibralt**a**r, Madr**i**d, Badaj**o**z, Jer**e**z

3. Ausnahmen von diesen beiden Regeln (d. h. auch alle auf der drittletzten Silbe betonten Wörter) oder die Trennung eines Doppellautes werden durch einen Akzent gekennzeichnet.

   Arag**ó**n, Cadaqu**é**s, Per**ú**, Bogot**á**, M**á**laga, C**á**diz, Andaluc**í**a

4. Fragewörter werden mit Akzent geschrieben:

   qui**é**n – wer   d**ó**nde – wo   cu**á**nto – wie viel   cu**á**ndo – wann   qu**é** – was

5. Eine Anzahl einsilbiger Wörter wird mit Akzent geschrieben, um sie von gleichlautenden Wörtern mit anderer Bedeutung zu unterscheiden:

tú	du	tu	dein	él	er	el	der
sí	ja	si	wenn/ob	más	mehr	mas	aber
sé	ich weiß	se	sich, man	mí	mir/mich	mi	mein
dé	geben Sie	de	von				

Groß- und Kleinschreibung   **Mayúsculas y minúsculas**

Im Allgemeinen werden im Spanischen alle Substantive mit kleinen Anfangsbuchstaben geschrieben. Groß werden geschrieben:

1. Das erste Wort im Satz
2. Namen von Personen, Ländern, Städten, Regionen usw.
3. Bezeichnungen von Institutionen
4. Studienfächer
5. Abkürzungen von señor (Sr.), señora (Sra.), señorita (Srta.), usted (Ud. bzw. Vd.)
6. Adelstitel (Conde = Herzog, Marquesa = Gräfin)
7. Gehobene Stelle (Ministro, Alcalde = Bürgermeister)
8. Don, Doña (lat. dóminus bzw. dómina) sind Anreden, die nur vor dem Vornamen gebraucht werden.

Bitte beachten:

Nationalitäten, Volksbezeichnungen und Sprachen schreibt man klein.

la mes**a**

la sill**a**

la botell**a**

la cop**a**

Fast alle Wörter auf **-a** sind weiblich.

el vas**o**

el plat**o**

el libr**o**

el periódic**o**

Fast alle Wörter auf **-o** sind männlich.

¿Qué es esto?

(Esto) es un tren.

(Esto) es un autobús.

(Esto) es un avión.

(Esto) es un coche.

(Esto) es una bicicleta.

(Esto) es una revista.

¿Qué hay en ...?

¿Qué hay en la calle?
Hay muchos coches y autobuses.

¿Qué hay en la estación?
Hay trenes.

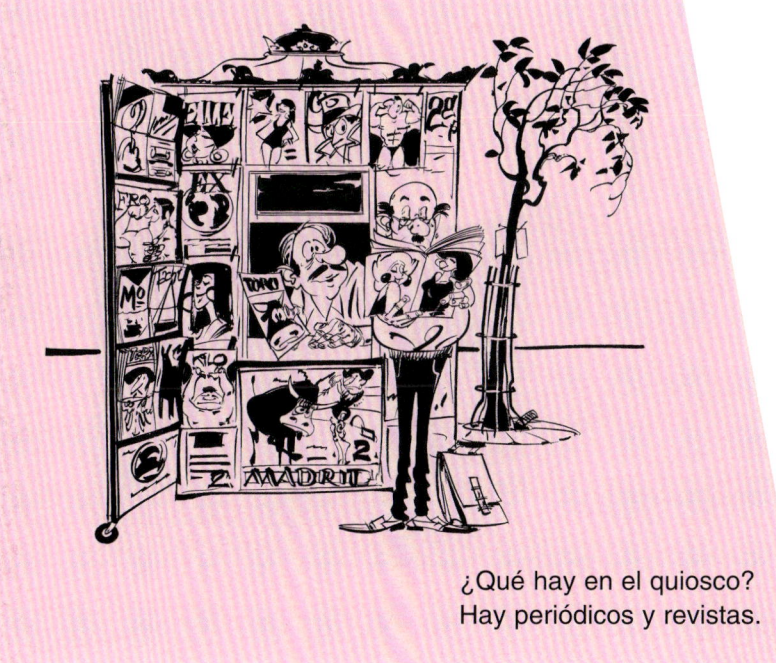

¿Qué hay en el quiosco?
Hay periódicos y revistas.

A: ¿Cuántos vasos hay en la mesa?
B: En la mesa hay dos vasos.

A: ¿Cuántas botellas hay?
B: Hay una botella.

A: ¿Es una botella de vino tinto?
B: No, no es vino tinto, es jerez.

A: ¿Hay algo más?
B: Sí, hay también tres copas.

A: ¿Qué hay en la mesa?
B: 1. **Nada.**
   2. **No** hay **nada.**

A: ¿Qué hay en la mesa?   B: 1. **Nada más.**
B: Un libro.   2. **No** hay **nada más.**
A: ¿Hay algo más?

Español Actual – Lehrbuch 1 © FELDHAUS VERLAG, Hamburg

En un restaurante

El restaurante "Andalucía" es un restaurante español en Alemania. Hay ocho mesas y muchas sillas.

Hay muchos españoles allí. También hay alemanes.

Pepe, el camarero, es español.

En una mesa hay cinco personas. En la mesa hay dos botellas, tres copas, una taza y un vaso.

Señor 1:　¡Camarero, por favor! Una botella más de vino de Rioja.

Camarero:　¿Blanco o tinto?

Señor 1:　Tinto, por favor.

Camarero:　¿Algo más?

Señor 1:　Nada más, gracias.

Señora:　Una paella para cuatro personas, por favor.

Camarero:　¿Y para beber?

Señora:　Dos cervezas, un vaso de vino blanco y una naranjada.

Señor 2:　Camarero, por favor, otra cerveza.

Señor 1:　¡Camarero, por favor! ¿Cuánto es?

Señora:　La cuenta, por favor.

Die Grundzahlen von 1 bis 10 **Los números cardinales**

0	1	2	3	4	5	6	7	8	9	10
cero	uno, -a	dos	tres	cuatro	cinco	seis	siete	ocho	nueve	diez

Vor männlichen Substantiven verwandelt sich **uno** in **un**.

Der Artikel **El artículo**

Bestimmt:

	maskulin	feminin	neutrum
Singular	el	la	lo
Plural	los	las	–

Unbestimmt:

	maskulin	feminin	neutrum
Singular	un	una	–
Plural	unos	unas	–

1. Es gibt nur männliche und weibliche Substantive.

   Das Geschlecht der Substantive lässt sich im Allgemeinen an der Endung erkennen.

   Männlich sind fast alle Substantive auf **-o**: el libro (das Buch), el vaso (das Glas), el plato (der Teller).

   Ausnahmen:

la mano	die Hand
la radio	das Radio

   Weiblich sind fast alle Substantive auf **-a**: la mesa (der Tisch), la silla (der Stuhl), la botella (die Flasche).

   Ausnahmen:

el día	der Tag	el idioma	die Sprache
el problema	das Problem	el clima	das Klima
el turista	der Tourist		

2. Der Artikel **lo** wird nie vor Substantiven, sondern nur vor substantivisch gebrauchten Adjektiven, Adverbien, Fürwörtern und Zahlwörtern gebraucht.

lo hermoso	das Schöne	a lo lejos	in der Ferne
lo primero	das Erste	lo mío	das Meinige

3. **Unos/unas** hat die Bedeutung von: **einige** oder **ein paar**. Vor Zahlwörtern hat es die Bedeutung von **ungefähr**.

unos libros	einige Bücher
unos diez libros	ungefähr 10 Bücher

Die Mehrzahlbildung   La formación del plural

1. Die Substantive, die auf **Vokal** enden, bilden die Mehrzahl durch Anhängen von **-s**: la mesa, las mesa**s**.

2. Substantive, die auf **Konsonanten** enden, bilden die Mehrzahl durch Anhängen von **-es**: el autobús, los autobus**es**.

3. Mehrsilbige Substantive, die auf **-s** enden und deren letzte Silbe nicht betont ist, bleiben im Plural **unverändert**: el lunes, los lunes (der Montag, montags).

4. Bei Wörtern, die in der Einzahl auf **-z** enden, wird das **z** in **c** verwandelt bevor **-es** angehängt wird: una vez, dos veces (einmal, zweimal).

el un	libro		los unos	libro**s**
la una	botella		las unas	botella**s**
el un	autobús		los unos	autobus**es**

Die Verneinung   **La negación**

No steht immer **vor** dem Verb und bedeutet sowohl **nein** als auch **nicht**.

¿Es Juan el camarero?	Ist Juan der Kellner?
No, Juan no es el camarero.	Nein, Juan ist nicht der Kellner.

Kein wird meistens mit **no** übersetzt.

No hay libros en la mesa.	Es gibt keine Bücher auf dem Tisch.

Die **Doppelte Verneinung** ist eine Besonderheit der spanischen Sprache.

No hay nada.	Es gibt nichts.

Hay   es gibt, da ist, da sind

Hay ist eine unpersönlich gebrauchte Form (Präsens) von **haber**; **hay**
wird nicht konjugiert. Es drückt den Begriff des Vorhandenseins aus und
wird mit „es gibt", „da ist", „da sind" übersetzt.

En la mesa hay dos libros.	Auf dem Tisch sind zwei Bücher.
En la biblioteca hay libros.	In der Bibliotek gibt es Bücher.

Wie viel(-e)   **cuánto(-s), cuánta(-s)**

Cuánto richtet sich in Geschlecht und Zahl nach dem nachfolgenden Wort:

¿Cuántos libros?	Wie viele Bücher?
¿Cuántas mesas?	Wie viele Tische?

Frage- und Ausrufezeichen   **Signos de interrogación y de admiración**

Die Fragezeichen ¿....? und Ausrufezeichen ¡....! müssen im Spanischen **vor**
und **nach** dem Satz gesetzt werden.

¿Quién es?
Es Juan. Es estudiante.
¿Dónde vive?
Vive en Madrid.
¿Qué estudia?
Estudia Económicas.

¿Quién es?
Es Teresa, la hermana de Juan.
¿Dónde trabaja?
Trabaja en una oficina.
Teresa es secretaria.

¿Quién es?
Es el padre de Juan.
¿Dónde trabaja?
Trabaja en un taller mecánico.
Es mecánico.

¿Quién es?
Es la madre de Juan.
¿Dónde trabaja?
Trabaja en una escuela.
Es maestra.

Diálogo 1

A: ¿Dónde vives?
B: Vivo en Madrid.
A: ¿Trabajas?
B: No, estudio.
A: ¿Dónde estudias?
B: Estudio en la Universidad de Madrid.
A: ¿Qué estudias?
B: Estudio Ciencias Económicas e idiomas.
A: ¿Cuántos idiomas hablas?
B: Hablo tres idiomas: francés, inglés y un
    poco de alemán.
A: ¿Dónde comes normalmente?
B: Normalmente como en la Universidad.

Diálogo 2

A: ¿Dónde vive usted?
B: Vivo en Sevilla.
A: ¿Es Ud. estudiante?
B: No, trabajo en una oficina.
A: ¿Cuántas horas trabaja Ud. al día?
B: Trabajo ocho horas al día, cinco por la mañana
    y tres por la tarde.
A: ¿Cuántos idiomas habla Ud.?
B: Hablo dos idiomas: italiano y alemán.
A: ¿Dónde come Ud. normalmente?
B: Normalmente como en casa.

Diálogo 3

A. ¿Trabajáis aquí?
B: No, no trabajamos. Estudiamos el idioma español.
A: ¿Dónde vivís?
B: Vivimos en casa de unos amigos.
A: ¿Dónde coméis hoy?
B: Hoy comemos en un restaurante.

Juan vive en Madrid. Juan estudia Económicas en la Universidad de Madrid.
También estudia alemán en una escuela de idiomas. Ya habla un poco de alemán.

Teresa, la hermana de Juan, es secretaria. Trabaja en una oficina. Habla tres
idiomas: alemán, inglés y francés.

El padre trabaja en un taller mecánico. La madre trabaja en una escuela. Es maestra.
También es ama de casa.

Juan come normalmente en la Universidad. Los padres y Teresa comen en casa.

Los españoles normalmente no trabajan de una a cuatro.

Español Actual – Lehrbuch 1 © FELDHAUS VERLAG, Hamburg

La familia

el padre   la madre   la hija   el hijo   la abuela   el abuelo   el gato

Die Grundzahlen von 11 – 20   **Los números cardinales del 11 al 20**

11 once	**13** trece	**15** quince	**17** diez y siete / diecisiete	**19** diez y nueve / diecinueve
12 doce	**14** catorce	**16** diez y seis / dieciséis	**18** diez y ocho / dieciocho	**20** veinte

Präsens der regelmäßigen Verben   **El Presente de los verbos regulares**

Die spanischen Verben enden in der Grundform immer auf

-ar, -er, -ir

Alle regelmäßigen Verben aus jeweils einer dieser drei Konjugationsgruppen haben stets die gleichen Endungen, die am Wortstamm angehängt werden.

Konjugation:	I	II	III
Verben auf:	**-ar**	**-er**	**-ir**
	hablar sprechen	**comer** essen	**vivir** wohnen, leben

		hablar	comer	vivir
Sg.	yo	hablo	como	vivo
	tú	hablas	comes	vives
	él, ella, usted	habla	come	vive
Pl.	nosotros, -as	hablamos	comemos	vivimos
	vosotros, -as	habláis	coméis	vivís
	ellos, ellas, ustedes	hablan	comen	viven

1. Beim **Verb** steht meistens **kein** Personalpronomen. Bei der **ersten** und bei der **zweiten Person** werden die Personalpronomen nur zur **Betonung** verwendet.

Hablo español.	Ich spreche Spanisch.
Yo también hablo español.	Ich spreche auch Spanisch.

2. Die **Höflichkeitsform** „Sie" hat im Spanischen zwei Formen:

usted mit dem Verb in der **dritten Person Singular** (für eine Person)
ustedes mit dem Verb in der **dritten Person Plural** (ab zwei Personen)

Die Höflichkeitsform wird zusammen mit dem Verb häufig verwendet.

¿Habla usted español?	Sprechen Sie Spanisch?

Usted ist von **vuestra merced** (Euer Gnaden) entstanden, aus diesem Grund steht das Verb heute immer noch in der dritten Person Singular.

Früher:	Vuestra merced habla muy bien francés.	Euer Gnaden sprechen sehr gut Französisch.
Heute:	Usted habla muy bien francés.	Sie sprechen sehr gut Französisch.

Usted wird abgekürzt mit **Ud.** oder **Vd.** – **ustedes** mit **Uds.** oder **Vds.**

3. Die **Fragestellung** ist wie im Deutschen:

¿Habla Ud. español?	Sprechen Sie Spanisch?
¿Hablas (tú) español?	Sprichst du Spanisch?

Nicht so häufig (ist aber möglich) wird das Personalpronomen an den Anfang gestellt.

¿Ud. habla español?	Sie sprechen Spanisch?

Bitte beachten:

Nach Fragewörtern kann man das **Subjekt** nur **nach dem Verb** stellen.

¿Dónde estudia Ud. español?	Wo lernen Sie Spanisch?
¿Cuántos idiomas habla Juan?	Wie viele Sprachen spricht Juan?

4. Die Verneinung steht immer **vor** dem Verb.

No hablo español.	Ich spreche nicht Spanisch.

Gramática

Die Interrogativpronomen   **Los pronombres interrogativos**

¿Qué?	Was? (bezieht sich auf Personen und Sachen)
¿Quién? (Plural: quiénes)	Wer? (nur für Personen)
¿Dónde?	Wo?
¿Cuánto, -a (-s)?	Wie viel(-e)?

Auf die Frage **¿Dónde?** wird nie die Präposition **a** verwendet, sondern **en**
(auch: "sobre", "encima", etc.).

¿Dónde vives?	Wo wohnst du?
Vivo en Stuttgart.	Ich wohne in Stuttgart.

Ausnahme bei der   **Excepción en el uso**
Artikelbestimmung   **del artículo por cacofonía**

Weibliche Substantive, die mit betontem **a** oder **ha** beginnen, nehmen
in der Einzahl aus phonetischen Gründen den Artikel **el** oder **un** an. In der
Mehrzahl tritt wieder **las** oder **unas** ein.

el/un ama de casa (Hausfrau)	las/unas amas de casa
el/un agua mineral (Mineralwasser)	las/unas aguas minerales

Nationalitätsbezeichnungen **Gentilicios**

m. Singular	f. Singular	f. Plural	m. Plural oder m. und f. Plural	
español	española	españolas	españoles	(spanisch, Spanier, ...)
alemán	alemana	alemanas	alemanes	(deutsch, Deutscher, ...)
suizo	suiza	suizas	suizos	(schweizerisch, Schweizer, ...)
austriaco	austriaca	austriacas	austriacos	(österreichisch, Österreicher ...)
francés	francesa	francesas	franceses	(französisch, Franzose, ...)
italiano	italiana	italianas	italianos	(italienisch, Italiener, ...)
inglés	inglesa	inglesas	ingleses	(englisch, Engländer, ...)
portugués	portuguesa	portuguesas	portugueses	(portugiesisch, Portugiese, ...)

Bitte beachten:

Wörter, die eine geographische Zugehörigkeit bezeichnen, werden im Spanischen als **Substantive** und **Adjektive** verwendet.

un español	ein Spanier
mi amigo español	mein spanischer Freund
el idioma español	die spanische Sprache
la lengua española	die spanische Sprache
hablo español	ich spreche Spanisch

En clase

Peter y Karl son amigos de Juan. Son alemanes. Ahora están
en Madrid. Estudian el idioma español.

Peter y Karl están ahora en clase. El profesor es de Burgos.
Burgos está en el norte de España. El profesor explica hoy los
verbos "ser" y "estar". Después pregunta a los alumnos:

Profesor:	¿De dónde eres, Peter?
Peter:	Soy alemán. Soy de Colonia.
Profesor:	¿Dónde está Colonia?
Peter:	Está en el oeste de Alemania. Es una ciudad grande.
Profesor:	Y tú, Karl, ¿de dónde eres?
Karl:	Soy de un pueblo pequeño del sur de Alemania.
Profesor:	Y usted, señora, ¿de dónde es?
Señora:	Yo soy sueca. Soy de Estocolmo.

En el bar de la escuela

Peter está ahora en el bar de la escuela. Juan estudia alemán en la misma escuela.

Peter: ¡Hola, Juan! ¿Cómo estás?
Juan: Muy bien, gracias. ¿Y tú?
Peter: Muy mal. Ahora estudiamos el uso de los verbos "ser" y "estar" y es muy difícil.
Juan: El alemán tampoco es fácil.
       ¿Tomas algo más?
Peter: No, gracias. Estoy muy cansado.
Juan: ¿Dónde está Karl?
Peter: Ya está en casa. Está un poco enfermo.
       ¡Hasta mañana!
Juan: ¡Adiós!

3

Diálogo 1

A: ¿De dónde es Ud.?
B: Soy inglés, soy de Londres.
A: ¿Es Ud. estudiante?
B: No, soy profesor. Y usted, ¿es español?
A: No, soy argentino.

C: ¿De dónde es el Sr. Brown?
D: El Sr. Brown es americano. Es de Florida.
C: ¿Y la Sra. Dubois?
D: La Sra. Dubois es francesa.
C: Y vosotros, ¿de dónde sois?
D: Yo soy italiano.
E: Y yo alemán.

Bitte beachten:

Vor **señor**, **señora**, **señorita** steht der **bestimmte Artikel**, außer in der direkten Anrede.

¿De dónde es **la** señorita García?	Woher kommt Frl. García?
¿De dónde es usted, señorita García?	Woher kommen Sie, Frl. García?

Diálogo 2

A: ¿Dónde está Antonia? ¿Está en casa?
B: Sí, está en la cama.
A: ¿No está bien?
B: No, está enferma.
A: Y vosotros, ¿cómo estáis?
B: Tampoco estamos muy bien.
   Estamos muy cansados.
A: ¿Y los niños?
B: Los niños están bien.

Bitte beachten:

Wenn **tampoco** nach dem Verb steht, muss **no** vor dem Verb stehen (doppelte Verneinung).

Yo **tampoco** estoy bien.	Mir geht es auch nicht gut.
Yo **no** estoy bien **tampoco**.	(Nicht sehr gebräuchlich, aber möglich)

Begrüßungsformeln	**Fórmulas de cortesía**

1. ¿Cómo está usted?

   Muy bien, gracias, ¿y usted?
   Bien también, muchas gracias.

   Wie geht es Ihnen?
   (wörtlich: Wie befinden Sie sich?)
   Sehr gut, danke, und Ihnen?
   Auch gut, vielen Dank.

2. ¿Cómo estás?

   Bien, gracias, ¿y tú?
   Bien también, gracias.

   Wie geht es dir?
   (wörtlich: Wie befindest du dich?)
   Gut, danke, und dir?
   Auch gut, danke.

3. ¿Cómo te va?
   Bien, gracias, ¿y a ti?
   Bien, gracias.

   Wie geht es dir?
   (Diese Form wird vorwiegend
   in Lateinamerika verwendet.)

4. ¡Hola! ¿Qué tal?
   Regular, ¿y tú?
   Bien, gracias.

   Hallo! Wie (geht's)?
   Es geht, und dir?
   Gut, danke.
   (Diese Form ist eine Abkürzung von
   ¿Qué tal estás? und wird nur unter
   Freunden verwendet.)

Grüße   **Saludos**

Buenos días.   Guten Morgen/Guten Tag (von morgens bis zum Mittagessen).
Buenas tardes.   Guten Tag/Guten Abend (mittags bis zur Dunkelheit).
Buenas noches.   Guten Abend/Gute Nacht (wenn es dunkel ist – als Verabschiedung oder Gruß).
¡Hola!   Hallo!

Abschiedsgrußformeln   **Saludos de despedida**

¡Adiós!   Auf Wiedersehen!
¡Hasta luego!   Bis später!
¡Hasta mañana!   Bis morgen!

Gebrauch von **ser** und **estar**   **Uso de los verbos ser** y **estar**

Für das deutsche Verb **sein** hat die spanische Sprache zwei Verben: **ser** und **estar**.

Präsens von ser	**Präsens von estar**
soy	estoy
eres	estás
es	está
somos	estamos
sois	estáis
son	están

Gebrauch von ser

1. **Ser** drückt eine Eigenschaft aus, wie **Geschlecht, Größe, Farbe, Qualität, Beruf, Religion** etc., etwas, das normalerweise nicht geändert werden kann, das heißt: **wesentliche Aussagen** über Personen und Sachen und nicht über ihren (vorübergehenden) Zustand.

Es un hombre / una mujer.	Er ist ein Mann. / Sie ist eine Frau.
La mesa es grande.	Der Tisch ist groß.
El libro es amarillo.	Das Buch ist gelb.
Enrique es ingeniero.	Enrique ist Ingenieur.
Mis padres son católicos.	Meine Eltern sind Katholiken.
Teresa es simpática.	Teresa ist nett.

2. **Ser** wird gebraucht zur Bezeichnung der **Herkunft** und des **Besitzes.**

¿De dónde eres?	Woher kommst du?
Soy alemán (alemana).	Ich bin Deutsche(r).
Soy de Colonia.	Ich komme aus Köln.
¿De dónde es usted?	Woher kommen Sie?
Soy española.	Ich bin Spanierin.
Soy de Sevilla.	Ich komme aus Sevilla.
¿De quién es el libro?	Wem gehört das Buch?
Es de Juan.	Es gehört Juan.

Gramática

3. **Definition**, **Identifizierung** einer Person oder Sache

¿Quién es?	Wer ist es?
Es el profesor.	Es ist der Lehrer.

¿Qué es esto?	Was ist das?
Es un libro de español.	Es ist ein spanisches Buch.

4. **Unpersönliche Ausdrücke**

Es fácil.	Es ist leicht.
Es difícil.	Es ist schwer.

5. **Zeitbestimmungen** werden durch **ser** übersetzt (Lektion 4).

¿De dónde es el Sr. Schmidt?
El Sr. Schmidt es alemán.
Es de Múnich.

¿De dónde es el profesor?
El profesor es español.
Es de Burgos.
El profesor es muy inteligente.

¿De dónde es Marcel?
Marcel es francés.
Es de París.

Español Actual – Lehrbuch 1 © FELDHAUS VERLAG, Hamburg

Gebrauch von estar

Estar wird gebraucht:

1. Für **Angaben des Ortes** (sowohl vorübergehende als auch permanente).

El libro está en la mesa.	Das Buch ist auf dem Tisch.
Córdoba está en España.	Córdoba liegt in Spanien.
Peter está en Madrid.	Peter ist in Madrid.

2. Mit **Adjektiven**, die eine **nicht wesentliche Eigenschaft** bezeichnen oder einen **vorübergehenden Zustand**, wie **Gemüts-**, **Gesundheitszustand** usw.; etwas, das normalerweise geändert werden kann.

Carmen está hoy muy guapa.	Heute sieht Carmen sehr gut aus.
¿Estás cansada?	Bist du müde?
Estoy enfermo.	Ich bin krank.
¿Cómo estás? Estoy bien.	Wie geht es dir? Es geht mir gut.

Bitte beachten:

Die deutschen Verben **liegen** und **sich befinden** werden durch **estar** übersetzt.

Manche Adjektive haben verschiedene Bedeutungen, je nachdem, ob sie mit
ser oder **estar** gebraucht werden:

ser malo, -a	schlecht sein	estar malo, -a	krank sein
ser guapo, -a	hübsch sein	estar guapo, -a	gut aussehen
ser nuevo, -a	neu sein	estar nuevo, -a	gut erhalten sein
ser viejo, -a	alt sein	estar viejo, -a	schlecht erhalten sein
ser joven	jung sein	estar joven	jung aussehen
ser listo, -a	klug sein	estar listo, -a	bereit sein
ser moreno, -a	ein dunkler Typ sein	estar moreno, -a	braun sein

4   ¿A qué hora...?

El padre de Juan se llama Miguel Sánchez. Normalmente
se levanta a las ocho. Se ducha y después desayuna.
Casi siempre desayuna café con leche y un panecillo con
mantequilla y mermelada.
Juan casi nunca desayuna en casa. Desayuna en el bar de
la Universidad.
Los españoles, generalmente, no desayunan mucho por la
mañana temprano. A veces sólo toman café en casa y después,
a eso de las once, toman un bocadillo.
En España se come muy tarde, entre las dos y las tres. La
mayoría de los españoles comen en casa.
La cena española es normalmente entre las nueve y las diez
de la noche.

Miguel Sánchez se levanta a las ocho.

Después se ducha.

A las ocho y media desayuna café
con leche y un panecillo con
mantequilla y mermelada.

Miguel Sánchez come a las dos.

Español Actual – Lehrbuch 1 © FELDHAUS VERLAG, Hamburg

Diálogo 1

A: ¿Cómo te llamas?
B: Me llamo Marcos.
A: ¿De dónde eres?
B: Soy español, soy de Toledo.
A: ¿Dónde vives?
B: Vivo en Barcelona.
A: ¿Trabajas?
B: No, soy estudiante.
A: ¿A qué hora te levantas normalmente?
B: Normalmente me levanto a las ocho.
A: ¿A qué hora desayunas?
B: Normalmente desayuno a las ocho y media.
A: ¿Dónde comes normalmente?
B: Como casi siempre en casa.
A: Los españoles comen muy tarde, ¿no?
B: Sí, comemos entre las dos y las tres.
A: ¿Y a qué hora cenan?
B: Cenamos entre las nueve y las diez.

Diálogo 2

A: ¿Cómo se llama Ud.?
B: Me llamo Roberto Sabatini.
A: ¿Es Ud. español?
B: No, soy italiano, pero vivo en España.
A: ¿Dónde trabaja?
B: Trabajo en el Consulado de Italia.
A: ¿A qué hora se levanta normalmente?
B: Normalmente me levanto a las ocho.
A: ¿A qué hora desayuna?
B: Normalmente desayuno a las ocho y media.
A: ¿A qué hora cena Ud.?
B: Ceno a las nueve y media de la noche.

Diálogo 3

A: ¿Cómo se llama la hermana de Juan?
B: Se llama Teresa.
A: ¿Cómo se llaman los amigos de Juan?
B: Se llaman Peter y Karl.
A: ¿De dónde son Peter y Karl?
B: Son alemanes.

Diálogo 4

A: ¿Cómo os llamáis vosotros?
B: Yo me llamo Marcos.
C: Y yo soy Isabel.
A: ¿Sois españoles?
B: Yo sí, pero Isabel es de Perú.

4

Gramática

Die Grundzahlen von 20 bis 100   Los números cardinales

21 – veintiuno	26 – veintiséis	40 – cuarenta	80 – ochenta
22 – veintidós	30 – treinta	50 – cincuenta	90 – noventa
23 – veintitrés	31 – treinta y uno	60 – sesenta	100 – cien (ciento)
24 – veinticuatro	32 – treinta y dos	70 – setenta	

Die reflexiven Verben   Los verbos reflexivos

1. Ein spanisches reflexives Verb entspricht nicht immer einem deutschen reflexiven Verb, und umgekehrt.

llamarse	heißen	cambiar	sich verändern
levantarse	aufstehen	descansar	sich erholen

2. Die reflexiven Verben bestehen aus den jeweiligen Verbformen und den jeweiligen Reflexivpronomen.

llamarse heißen	**levantarse** aufstehen	**lavarse** sich waschen
(no) me llamo	me levanto	me lavo
te llamas	te levantas	te lavas
se llama	se levanta	se lava
nos llamamos	nos levantamos	nos lavamos
os llamáis	os levantáis	os laváis
se llaman	se levantan	se lavan

3. Die Reflexivpronomen

me	te	se	nos	os	se
mich	dich	sich	uns	euch	sich

geben an, dass eine Handlung sich auf die handelnde Person selbst bezieht.

Me lavo.   Ich wasche mich.   La madre lava al niño.   Die Mutter wäscht das Kind.

4. Die Reflexivpronomen sind an den **Infinitiv** und den bejahenden **Imperativ angehängt**.
   Bei **konjugierten Verbformen** stehen sie unmittelbar **vor** dem Verb. Die Verneinung steht davor.

5. Es gibt einige Verben, die ihre Bedeutung ändern, je nachdem ob sie reflexiv sind oder nicht.

llamar	(an)rufen	llamarse	heißen
quedar	übrig bleiben	quedarse	bleiben

Nie   Nunca

Wenn **nunca** nach dem Verb steht, muss **no** vor dem Verb stehen.

Nunca como en casa.   **No** como **nunca** en casa.   Ich esse nie zu Hause.

Español Actual – Lehrbuch 1 © FELDHAUS VERLAG, Hamburg

Die Uhrzeit   **La hora**

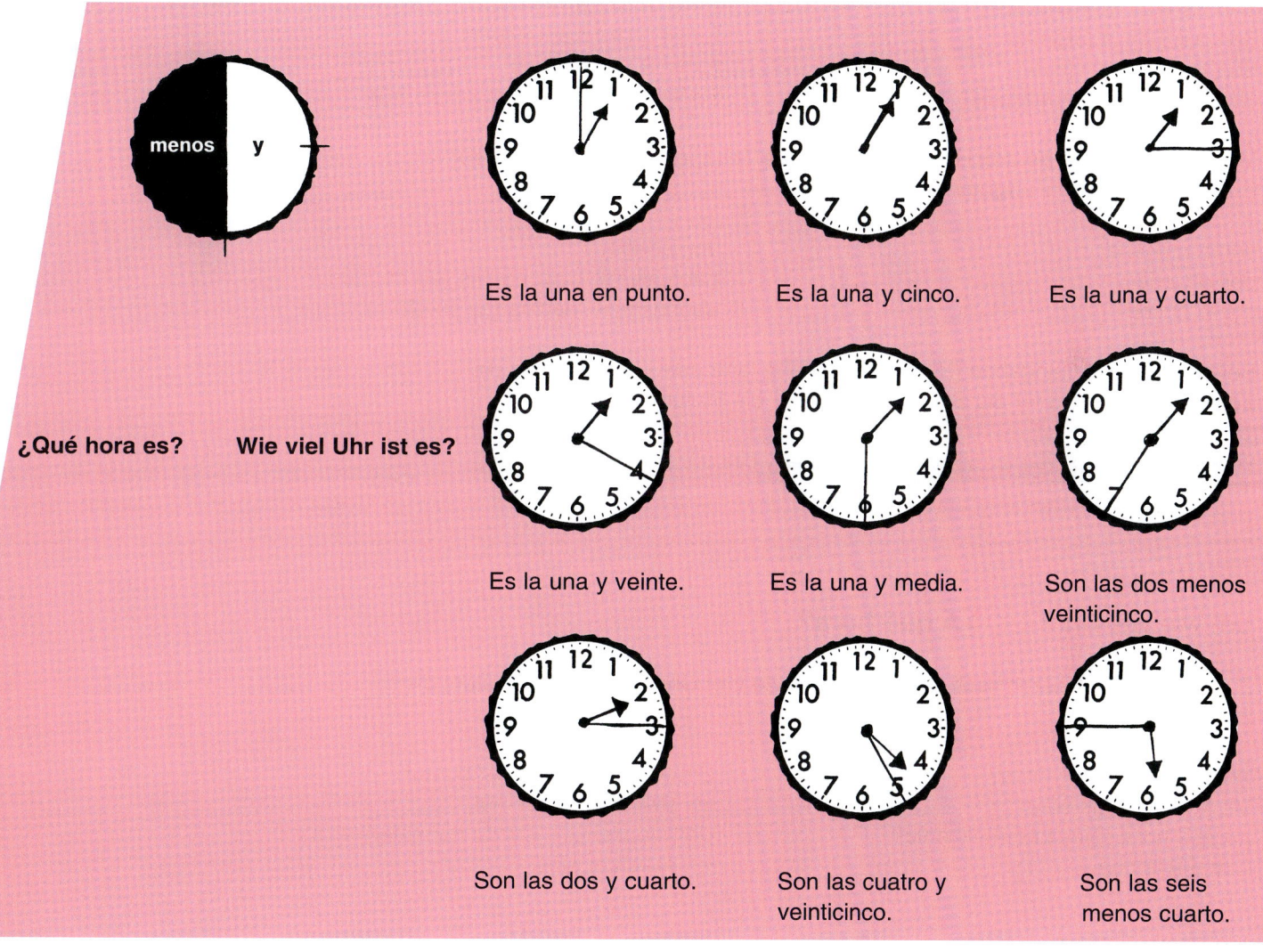

¿Qué hora es?   Wie viel Uhr ist es?

Es la una en punto.   Es la una y cinco.   Es la una y cuarto.

Es la una y veinte.   Es la una y media.   Son las dos menos veinticinco.

Son las dos y cuarto.   Son las cuatro y veinticinco.   Son las seis menos cuarto.

Bei der Zeitangabe werden in der Umgangssprache die Stunden durch die Grundzahlen von eins bis zwölf wiedergegeben. Der weibliche Artikel bezieht sich hierbei auf **la hora**: Es la una.
Bis zur halben Stunde werden die Minuten zur Stunde addiert: Es la una y diez (1.10).
Danach werden die Minuten von der folgenden Stunde abgezogen:
Son las dos menos veinte (1.40).
Die viertel Stunde drückt man mit **cuarto**, die halbe Stunde mit **media** aus:
Son las tres y cuarto (15.15).
Son las ocho y media (8.30).

Gramática

Bitte beachten:

Son las 8 de la mañana.	Es ist 8 Uhr morgens.
Son las 5 de la tarde.	Es ist 5 Uhr nachmittags.
Son las 9 de la noche.	Es ist 9 Uhr abends.
Son las 3 de la madrugada.	Es ist 3 Uhr nachts/morgens früh.

Mit der Präposition **de** drückt man eine **genaue** Zeitangabe, dagegen mit der Präposition **por** eine **ungenaue** Zeitangabe aus.

por la mañana	vormittags
por la tarde	nachmittags bzw. nachts (bis ca. 20 h)
por la noche	abends bzw. nachts (ab ca. 20 h)

Bei **offiziellen** Zeitangaben (Nachrichten, Fahrpläne usw.) benutzt man die Zahlen von 0 bis 23 für die Stunden und von 1 bis 59 für die Minuten.

20:45	Son las veinte (horas) (y) cuarenta y cinco (minutos).

Um wie viel Uhr?   ¿A qué hora?

Zur Angabe der Uhrzeit nach der Frage **Um wie viel Uhr?** bzw. **Wann?** steht die Präposition **a** (um).

¿A qué hora te levantas?	Um wie viel Uhr stehst du auf?
Me levanto a las ocho.	Ich stehe um 8 Uhr auf.
¿A qué hora comes normalmente?	Um wie viel Uhr isst du normalerweise?
Como a la una.	Ich esse um eins.

Von ... bis   De ... a / desde ... hasta

de cuatro a ocho	von vier bis acht
desde las tres y diez hasta las tres y veinte	von 3.10 bis 3.20

Mit **desde ... hasta** kann man die Genauigkeit der Angabe besser betonen als mit **de ... a**.

Vocabulario y expresiones

a mediodía	um 12 Uhr mittags
a medianoche	um 12 Uhr nachts
hacia las diez	gegen 10 Uhr
a eso de las diez	gegen 10 Uhr
sobre las diez	gegen 10 Uhr

el segundo	die Sekunde
el minuto	die Minute
la hora	die Stunde

un cuarto de hora	eine viertel Stunde
media hora	eine halbe Stunde
dos horas y media	2 1/2 Stunden

en cinco minutos	in 5 Minuten
en un día	in einem Tag
otro día	an einem anderem Tag
el otro día	neulich

Ya es hora.	Es ist Zeit.
Es hora de ...	Es ist Zeit zum ...
Es tarde.	Es ist spät.
Es temprano.	Es ist früh.
Es de día.	Es ist Tag/hell.
Es de noche.	Es ist Nacht/dunkel.

Bitte beachten: vor **medio** und **otro**
steht **kein** unbestimmter Artikel.

Un viaje a Alemania

¿Adónde?

¿Adónde va el tren?
Va **a** Colonia.

¿De dónde?

¿De dónde viene el tren?
Viene **de** Madrid.

¿Dónde?

¿Dónde están?
Están **en** la estación.

Español Actual – Lehrbuch 1 © FELDHAUS VERLAG, Hamburg

El Sr. Martín es de Madrid, pero vive en Barcelona.
Este año va a pasar sus vacaciones en Alemania. Va a visitar a un amigo en Colonia.
El Sr. Martín va a Colonia en tren. En la estación está su amigo el Sr. Brand. El Sr. Brand no vive muy lejos de la estación. Van a su casa a pie.
Por la tarde visitan la ciudad. Después el Sr. Martín invita al Sr. Brand a cenar. Van a un restaurante español.

Camarero: ¿Qué van a tomar?
Sr. Martín: Una paella para dos personas y una botella de vino tinto.

El Sr. Brand habla bastante bien español. Durante la cena hablan sobre el trabajo y la familia.
Después de comer el Sr. Martín paga la cuenta.
El Sr. Martín pasa dos semanas de vacaciones en casa de su amigo.

5

Diálogo 1

A: Mañana me voy de vacaciones.
B: ¿Adónde vas?
A: Voy a Torrevieja.
B: ¿Dónde está Torrevieja?
A: Está cerca de Alicante, en el este de España.
B: ¿Cómo vas?
A: Voy en coche hasta Barcelona con unos amigos y después en tren.
B: ¿Cuánto tiempo vas a pasar allí?
A: Voy a estar tres semanas.

Diálogo 2

A: ¿Dónde va a pasar Ud. este año las vacaciones?
B: Voy a ir a Venezuela.
A: ¿Va a ir Ud. en barco?
B: No, voy a ir en avión.
A: ¿Cuánto tiempo va a pasar allí?
B: Voy a pasar cuatro semanas.

Diálogo 3

A: ¿Vienes esta tarde a mi casa?
B: No, hoy no tengo tiempo, tengo mucho trabajo.
A: ¿Y mañana?
B: Mañana tampoco tengo tiempo. Tengo siempre mucho trabajo.

Diálogo 4

A: ¿Vamos esta tarde al cine?
B: No, hoy estoy muy cansado. Vamos mañana. ¿Vale?
A: ¡Vale!

5

Gramática

Die Verben **ir** und **irse**

ir   gehen, fahren, fliegen   **irse**   wegfahren, weggehen

voy	me	voy
vas	te	vas
va	se	va
vamos	nos	vamos
vais	os	vais
van	se	van

```
        a / al / a la                    en
ir  ─────────────────────── Ort ──────────────────────┤
         Richtung                   Verkehrsmittel
```

ir a + Länder / Städte / Dörfer / Stadtteile / nach Hause / Verb im Infinitiv

Voy a España.	Ich fahre nach Spanien.
¿Vas a Barcelona?	Fährst du nach Barcelona?
¿Vais a casa?	Geht ihr nach Hause?
¿Vamos a tomar una copa?	Gehen wir etwas trinken?

ir al + männliche Substantive   (a + el = **al**)

Teresa va al cine.	Teresa geht ins Kino.
¿Vas al teatro?	Gehst du ins Theater?

ir a la + weibliche Substantive

Voy a la estación.	Ich gehe zum Bahnhof.
Vamos a la ciudad.	Wir gehen in die Stadt.

Verkehrsmittel

el coche	das Auto	el metro	die U-Bahn
el autobús	der Autobus	el barco	das Schiff
el tren	der Zug	la bicicleta	das Fahrrad
el avión	das Flugzeug	el tranvía	die Straßenbahn

Bitte beachten:

Nach **ir** werden die Verkehrsmittel mit der Präposition **en** ohne Artikel verwendet.

ir en coche; ir en tren; ir en bicicleta; usw.

aber: ir a pie   zu Fuß gehen

Beispiele:

Mañana voy a España en avión.	Morgen fliege ich nach Spanien.
Esta tarde voy al centro en autobús.	Heute Nachmittag fahre ich mit dem Autobus in die Stadt.
¿Vas a casa a pie?	Gehst du zu Fuß nach Hause?
Esta noche vamos al teatro.	Heute Abend gehen wir ins Theater.
¿Cuándo vais a la Universidad?	Wann fahrt / geht ihr zur Universität?
Esta noche voy a casa de Juan.	Heute Abend gehe ich zu Juan.

Bitte beachten Sie die Übersetzung:

zu jemandem gehen	ir a casa de ... (auch : ir a visitar a ...)
Ich gehe heute Abend zu dir.	Esta tarde voy a tu casa / voy a visitarte.
Wir gehen morgen zu mir.	Mañana vamos a mi casa.
Gehen wir zu Juan?	¿Vamos a casa de Juan?
	¿Vamos a visitar a Juan?

Nahe Zukunft   **Futuro próximo**

Mit **ir a + Infinitiv** drückt man eine Handlung, die in der nahen Zukunft geschehen wird, aus.

ir   a + Verb im Infinitiv

voy		trabajar
vas		comer
va	**a**	ir
vamos		desayunar
vais		tomar
van		estudiar

¿Dónde vas a pasar las vacaciones?	Wo wirst du deinen Urlaub verbringen?
Voy a ir a Málaga.	Ich werde nach Málaga fahren.
¿Qué van a tomar?	Was hätten Sie gerne?
	(wörtlich: Was werden Sie nehmen?)

Gramática

Deklination des Substantivs		**Régimen del sustantivo**	

Nominativ	Wer?	¿Quién?	ohne Präposition
Genitiv	Wessen?	¿De quién?	mit Präposition **de**
Dativ	Wem?	¿A quién?	immer mit Präposition **a**
Akkusativ	Wen?	¿A quién?	nur bei **Personen** mit Präposition **a**
	Was?	¿Qué?	bei Sachen ohne Präposition

Beispiele:

Nominativ

¿Quién es?   Wer ist es?
Es el profesor.   Es ist der Lehrer.

Genitiv

¿De quién es el coche?   Wem gehört das Auto?/Wessen Auto ist das?
Es del señor Martín.   Es gehört Herrn Martín.
Es de Paco.   Es gehört Paco.

Dativ

El Sr. Martín paga la cuenta **al camarero**.   Herr Martín bezahlt die Rechnung beim Kellner.

Akkusativ

¿A quién visita el Sr. Martín?   Wen besucht Herr Martín?
Visita **a** su amigo.   Er besucht seinen Freund.

¿Qué visita el Sr. Martín por la tarde?   Was besucht Herr Martín nachmittags?
Visita la ciudad.   Er besucht die Stadt.

Bitte beachten:

a + el = **al**   de + el = **del**

Interrogativpronomen		**Los pronombres interrogativos**	

¿qué?	was?	¿cuándo?	wann?
¿quién?	wer?	¿por qué?	warum?
¿a quién?	wem / wen?	¿dónde?	wo?
¿cómo?	wie?	¿de dónde?	woher?
¿cuánto?	wie viel?	¿adónde?	wohin?

Español Actual – Lehrbuch 1 © FELDHAUS VERLAG, Hamburg

Das unbetonte Possessivpronomen   **El adjetivo posesivo**

mi	mein	nuestro, -a	unser
tu	dein	vuestro, -a	euer
su	sein/ihr/Ihr	su	ihr/Ihr

mi, tu, su haben nur eine Endung für beide Geschlechter: mi coche, mi bicicleta.
Aber: nuestro coche, nuestra casa, vuestro profesor, vuestra profesora.
Im Plural wird an alle Formen ein **s** angehängt: mis libros, tus padres, nuestros amigos.
Diese Formen stehen **immer vor dem Substantiv**. Sie gelten für Personen und Sachen.

su kann bedeuten:

de él	sein (von ihm)	de ellos	ihr (von ihnen)
de ella	ihr (von ihr)	de ellas	ihr (von ihnen)
de Ud.	Ihr (von Ihnen Sg.)	de Uds.	Ihr (von Ihnen Pl.)

Bitte beachten:

bei mir	en mi casa
bei dir	en tu casa
bei ihr/ihm/Ihnen	en su casa
bei uns	en nuestra casa (auch: en mi país)

Die Grundzahlen von 100 bis 1000   **Los números cardinales**

100 – cien/ciento	300 – trescientos, -as	700 – setecientos, -as
101 – ciento uno	400 – cuatrocientos, -as	800 – ochocientos, -as
130 – ciento treinta	500 – quinientos, -as	900 – novecientos, -as
200 – doscientos, -as	600 – seiscientos, -as	1000 – mil

Ciento wird zu **cien**, wenn ein Substantiv oder eine größere Zahl folgt: cien libros, cien mil libros.

Die Hunderter ab 200 richten sich nach dem Geschlecht des folgenden Substantivs:
doscientos euros; doscientas personas.

Die Konjunktion **y** steht nur zwischen Zehnern und Einern: quinientos treinta y cinco.

En el mercado

Vendedor:	Buenos días, señor. ¿Qué desea?
Señor:	¿Cuánto cuestan estas naranjas?
Vendedor:	Un euro el kilo.
Señor:	Déme un kilo, por favor.
Vendedor:	¿Desea algo más?
Señor:	Sí, medio kilo de tomates.
Vendedor:	¿Algo más?
Señor:	Nada más, gracias. ¿Cuánto es todo?
Vendedor:	Son un euro y 60 céntimos.
Señor:	Aquí tiene usted cinco euros.
Vendedor:	Tenga la vuelta 40 céntimos, un euro, dos euros, son cinco euros. Muchas gracias.
Señor:	De nada. ¡Adiós!
Vendedor:	¡Adiós, señor!

En la oficina de Correos

Señor 1:	Déme un sello para una postal para Alemania.
Empleado:	Tenga. Son 51 céntimos.
Señor 1:	Tenga un euro.
Empleado:	Tenga la vuelta.
Señor 2:	Déme dos sellos de 26 y uno de 50 céntimos, por favor.
Empleado:	Aquí tiene, señor. Son un euro y dos céntimos.
Señor 2:	Tenga dos euros.
Empleado:	Tenga, 98 céntimos de vuelta.

En un estanco

Un estanco es una tienda donde hay tabaco, cigarrillos, sellos y postales.
En el estanco de la Plaza Mayor trabaja Carlos.
Entra Juan. Juan y Carlos son buenos amigos.

Carlos:	¡Hola, Juan! ¿Qué quieres?
Juan:	Dame un paquete de Ducados.
Carlos:	Toma, ¿quieres algo más?
Juan:	¿Esos cigarrillos son nuevos?
Carlos:	Sí, pero no son muy buenos y son muy caros.
Juan:	Entonces no quiero nada más. Gracias.

En una tienda

Gramática

Das Adjektiv **El adjetivo**

Das Adjektiv richtet sich in Geschlecht und Zahl nach dem Substantiv.
Adjektive auf **-o** bilden die **weibliche** Form auf **-a**.

El vino es bueno.	Der Wein ist gut.
La paella es buena.	Die Paella ist gut.

Adjektive auf **-e** und **-l** bleiben im Geschlecht **unverändert**.

Un señor elegante.	Ein eleganter Herr.
Una señora elegante.	Eine elegante Frau.

La gramática es fácil.	Die Grammatik ist leicht.
El ejercicio es fácil.	Die Übung ist einfach.

Die Stellung des Adjektivs

1. Das Adjektiv steht meistens **nach** dem Substantiv.

Un señor simpático.	Ein netter Herr.

2. **Bueno** und **malo** kann man **vor** das Substantiv stellen, dadurch geht aber
die Endung **-o** verloren. Die weiblichen Formen bleiben unverändert.

Un buen vino.	Ein guter Wein.
Una buena paella.	Eine gute Paella.

3. Die Adjektive **mucho**, **poco** und **otro** werden **immer vorangestellt**.

Otra cerveza, por favor.	Noch ein Bier, bitte!
Tengo mucho/poco dinero.	Ich habe viel/wenig Geld.

4. Die Adjektive für **Farben** und **staatliche Zugehörigkeit** sind **immer nachgestellt**.

El coche negro.	Das schwarze Auto.
Un señor español.	Ein spanischer Mann.

5. Das **Adverb** steht **vor** dem **Adjektiv**.

muy bueno	sehr gut
un poco pequeño	etwas klein

Diese Einheit, **Adverb + Adjektiv,** steht meistens **nach** dem Substantiv.

Un vino muy bueno.	Ein sehr guter Wein.
Una casa un poco pequeña.	Ein etwas kleines Haus.

6. Einige Adjektive ändern, je nach ihrer Stellung, ihre Bedeutung.

Un hotel grande.	Ein großes Hotel.
Un gran hotel.	Ein gutes (großartiges) Hotel.
Un hombre pobre.	Ein armer Mann (ohne Geld).
Un pobre hombre.	Ein bedauernswerter Mann.

Bitte beachten:

Das Adjektiv **grande** wird im Singular vor dem Substantiv immer zu **gran**, im Plural bleibt es unverändert.

7. Gehört ein Adjektiv zu mehreren Substantiven verschiedenen Geschlechts, so steht es im Plural in der **männlichen** Form.

Juan y Teresa son muy simpáticos.	Juan und Teresa sind sehr nett.

Bitte beachten:

Die deutschen Wörter **gut**/**schlecht** haben im Spanischen zwei Bedeutungen:

bueno, -a, -os, -as	(Adjektiv)
malo, -a, -os, -as	(Adjektiv)
bien/mal	(Adverb, unveränderlich)

El vino es bueno/malo.	Der Wein ist gut/schlecht.
Hablas muy bien/mal alemán.	Du sprichst sehr gut/schlecht Deutsch.

Gramática

Demonstrativpronomen   **Los adjetivos y pronombres demostrativos**

	m.	f.	n.	
Sg.	este	esta	esto	**nahe beim Sprechenden**
Pl.	estos	estas	-	
Sg.	ese	esa	eso	**nahe beim Angesprochenen**
Pl.	esos	esas	-	
Sg.	aquel	aquella	aquello	**weiter entfernt**
Pl.	aquellos	aquellas	-	

Este, **esta** usw. weisen auf Dinge oder Personen hin, die sich **in der Nähe**
des Sprechers befinden (greifbar sind).

Este señor es mi profesor.	Dieser Mann ist mein Lehrer.
Esta casa es muy bonita.	Dieses Haus ist sehr schön.

Ese, **esa** usw. weisen auf Sachen oder Personen hin,
die vom Sprecher etwas **weiter entfernt** sind (nicht greifbar sind),
oder die sich näher beim Angesprochenen befinden.

Esa chica es muy guapa.	Das Mädchen (dort) ist sehr hübsch.
Esos plátanos son muy caros.	Diese Bananen (dort) sind sehr teuer.

Aquel, **aquella** usw. weisen auf Dinge oder Personen hin, die räumlich oder zeitlich weiter entfernt sind.

aquel coche	jenes Auto
aquella señora	jene Frau

Die Neutrumformen, **esto**, **eso**, **aquello** beziehen sich auf einen **noch nicht definierten Gegenstand,** oder auf einen **Sachverhalt**.

¿Qué es esto?	Was ist das?
Esto es un libro.	Dies ist ein Buch.
No comprendo esto.	Ich verstehe das nicht.

Bei Zeitangaben benutzt man die Pronomen **este** bzw. **esta**, wenn die **Zeiträume nicht abgeschlossen** sind, bzw. wenn eine **Verbindung mit der Gegenwart** besteht.

esta mañana	heute Morgen
este año	dieses Jahr

Aber:

En ese año ...	In jenem Jahr ...
En aquel tiempo ...	In jener Zeit ...

Bitte beachten: Nach **esto, eso, aquello** kann **niemals ein Substantiv** folgen, da Substantive im Spanischen nur männlich oder weiblich sind.

Expresiones usuales con pronombres demostrativos:

Eso es.	So ist es / ganz richtig / das stimmt.
Eso sí.	Das allerdings.
Eso sí que no.	Das bestimmt nicht.
¿Y eso?	Wieso?
¿Cómo es eso?	Wieso?
De eso nada.	Das kommt nicht in Frage.
De eso ni hablar.	Das kommt nicht in Frage.
por eso	deshalb, deswegen
para eso	dafür
a eso de	gegen, etwa um
(+ Zeitangabe)	

Bitte beachten: Die Demonstrativpronomen können, wenn sie allein stehen, einen Akzent haben: Éste es mi libro.

Gramática

Der Imperativ   **El imperativo**

Bei den regelmäßigen Verben ist die **2. Person Singular** des **Imperativs**
(„Du-Form") identisch mit der **3. Person Singular** Präsens **Indikativ**.

Präsens (3. Person Sg.):

toma	come	escribe
er / sie nimmt	er / sie isst	er / sie schreibt

Imperativ (2. Person Sg., Du-Form):

¡toma!	¡come!	¡escribe!
nimm!	iss!	schreibe!

Die **Höflichkeitsform usted** lautet:

¡hable!	¡coma!	¡escriba!
sprechen Sie!	essen Sie!	schreiben Sie!

Die **Personal- und Reflexivpronomen** werden an die Formen des bejahten Imperativs **angehängt**.

¡dé**me**!	¡da**me**!	¡levánta**te**!
geben Sie mir!	gib mir!	steh auf!

Die deutsche Konstruktion **bitte schön** hat im Spanischen drei verschiedene Übersetzungen:

1. Muchas gracias.   Vielen Dank.
   De nada.   Bitte schön!
   No hay de qué.   Bitte!

2. ¡Camarero, **por favor!**   Herr Ober, bitte!

3. „Bitte schön!" (beim **überreichen** einer Sache), wird im Spanischen mit den entsprechenden **Befehlsformen** der Verben **tener** bzw. **tomar** wiedergegeben.

¡Toma!   Bitte schön! (wörtlich: Nimm!)
¡Tome!   Bitte schön! (wörtlich: Nehmen Sie!)
¡Ten!   Bitte schön! (etwa: Hier hast du es!)
¡Tenga!   Bitte schön! (etwa: Hier haben Sie es!)

Man verwendet auch das **Präsens** von **tener**.

¡Aquí tienes!   Bitte schön! (wörtlich: Hier hast du es!)
¡Aquí tiene usted!   Bitte schön! (Hier haben Sie es!)

Die Grundzahlen ab 1000

1.000	mil
1.001	mil uno/una
1.500	mil quinientos, -as
2.000	dos mil
10.000	diez mil
100.000	cien mil
1.000.000	un millón (de)
1.000.000.000	mil millones (de)

Die **Jahreszahlen** ab 1000 werden als **Tausender** gesprochen:

Im Jahr 1492: En el año mil cuatrocientos noventa y dos.

Las vacaciones

Pilar **sabe** esquiar.

En Sierra Nevada
se **puede** esquiar.

Juan: ¡Hola, Pilar! ¿Qué tal?

Pilar: Bien, gracias, ¿y tú?

Juan: Regular. Tengo que estudiar mucho, pero no tengo ganas. ¿Qué vas a hacer esta tarde? ¿Vamos al cine?

Pilar: No puedo. Trabajo por las tardes en una biblioteca hasta las Navidades.

Juan: ¿Adónde vas a ir en Navidades?

Pilar: Voy a visitar a mis padres en Granada y después voy a Sierra Nevada a esquiar. ¿Y tú?

Juan: No sé todavía. No tengo mucho dinero para ir de vacaciones.

Pilar: ¿Por qué no trabajas por las tardes como yo y vienes unos días conmigo a esquiar?

Juan: Porque no tengo tiempo. Tengo pronto exámenes y tengo que estudiar mucho. Además no sé esquiar. ¿Tú sabes esquiar?

Pilar: Sí, no es muy difícil. Mis padres viven cerca de Sierra Nevada y voy a esquiar muchas veces los fines de semana y en vacaciones. Juan, me tengo que ir. Tengo mucha prisa. Tengo que estar en la biblioteca a las cinco. ¿Me llamas mañana?

Juan: ¡Vale! Hasta mañana.

Pilar: ¡Adiós!

Español Actual – Lehrbuch 1 © FELDHAUS VERLAG, Hamburg

Diálogo 1

A: ¿Tienes ganas de ir esta tarde al cine?

B: No, esta tarde no tengo tiempo. Tengo que estudiar.

A: Yo también tengo muchas cosas que hacer, pero no tengo ganas de hacer nada. ¿Vamos a comer algo? Tengo hambre.

B: Bueno, pero después de comer me voy a casa a estudiar. Y tú también tienes que estudiar.

A: Sí, tienes razón.

Diálogo 2

A: ¿Cuántos años tienes?

B: Tengo 23 años, ¿y tú?

A: Yo cumplo hoy 22 años.

B: ¡Ah! ¿Es tu cumpleaños?

A: Sí, hoy es mi cumpleaños y tengo que estudiar.

B: Si quieres podemos ir a cenar juntos.

A: Sí, es una buena idea.

B: Podemos ir a cenar a un restaurante chino.

A: ¡Vale! ¿Sabes dónde hay uno?

B: Sí, cerca de la Plaza Mayor hay uno nuevo.

A: ¿Vamos en coche?

B: No, vamos en metro, es muy difícil aparcar allí.

A: ¿Está buena la comida?

B: Sí, está muy buena, pero no puedo más.

A: ¿Sabes una cosa? Tengo ganas de ir a bailar.

B: Pero, ¿no tienes que estudiar?

A: Sí, pero un día es un día. ¡Venga, vamos!

B: No sé qué hacer. Mañana tengo que levantarme temprano.

A: Sólo una hora. ¿Vale?

B: ¡Vale, vamos!

Gramática

Gebrauch von **poder** und **saber**

Präsens	**poder** (können, dürfen)	**saber** (können, wissen)
	puedo	sé
	puedes	sabes
	puede	sabe
	podemos	sabemos
	podéis	sabéis
	pueden	saben

Poder drückt eine **Möglichkeit** aus, die durch **äußere Umstände** oder **Erlaubnis** gegeben ist.

Hoy no puedo ir al cine.	Heute kann ich nicht ins Kino gehen.
¿Puedo fumar?	Darf ich rauchen?

Können wird durch **saber** übersetzt, wenn es sich um eine **verstandesmäßige** oder um eine **erlernte Fähigkeit** handelt.

¿Sabes cocinar?	Kannst du kochen?
No sé bailar.	Ich kann nicht tanzen.
¿Sabe Ud. español?	Können/sprechen Sie Spanisch?

Redewendungen mit **tener**, **saber**, **poder**

tener ganas (de) ...	Lust haben auf etwas
tener prisa	es eilig haben
tener razón	Recht haben
tener hambre	Hunger haben
tener sed	Durst haben
Tengo frío/calor.	Mir ist kalt/warm.
¿Cuántos años tienes?	Wie alt bist du?

No sé qué hacer.	Ich weiß nicht, was ich machen soll.
No sé qué decirte.	Ich weiß nicht, was ich dir sagen soll.
¡Qué sé yo!	Was weiß ich!
¿Sabe usted una cosa?	Wissen Sie was?

Puede ser.	Es mag sein.
No puede ser.	Ausgeschlossen./Das kann nicht sein.
No puedo más.	Ich kann nicht mehr.
¿Se puede?	Darf man eintreten?

Español Actual – Lehrbuch 1 © FELDHAUS VERLAG, Hamburg

Präpositionen + Infinitiv

para + infinitivo	um ... zu
No tengo dinero para ir de vacaciones.	Ich habe kein Geld, um in Urlaub zu fahren.

sin + infinitivo	ohne ... zu
Sin trabajar no puedo ir de vacaciones.	Ohne zu arbeiten, kann ich nicht in Urlaub fahren.

después de + infinitivo	nach dem ...
después de comer	nach dem Essen

antes de + infinitivo	vor dem ...
antes de comer	vor dem Essen

Personalpronomen

Die unbetonten Formen der persönlichen Fürwörter der 1. und 2. Person sind im **Dativ und Akkusativ gleich**:

me (mir, mich)	**te** (dir, dich)
nos (uns)	**os** (euch)

Sie treten nur in **Verbindung mit einem Verb** auf.

Pedro me invita a comer.	Pedro lädt mich zum Essen ein.
Te llamo mañana.	Ich rufe dich morgen an.
Te doy el libro mañana.	Ich gebe dir das Buch morgen.

7 Gramática

Nahe Zukunft **Futuro próximo**

Mit **ir a + Infinitiv** drückt man eine Handlung aus, die in der nahen Zukunft geschehen wird.

ir	a	infinitivo
voy		comer
vas		visitar
va	a	tomar
vamos		hablar
vais		estudiar
van		ir

Die **Personal-** und **Reflexiv-Pronomen** werden an den **Infinitiv angehängt** oder stehen **vor dem Verb/Hilfsverb**.
Die **Verneinung** steht **davor**.

Voy a llamar**te** mañana. = **Te** voy a llamar mañana.	Ich werde dich morgen anrufen.
Te voy a visitar esta tarde. = Voy a visitar**te** esta tarde.	Ich werde dich heute Abend besuchen.
Me voy a duchar. = Voy a duchar**me**.	Ich gehe/werde jetzt duschen.
No te voy a llamar. = No voy a llamar**te**.	Ich werde dich nicht anrufen.
No voy a levantar**me** temprano. = No **me** voy a levantar ...	Ich werde nicht früh aufstehen.

Bitte beachten:

vamos a + Infinitiv drückt auch eine Aufforderung an die eigene und andere Personen aus:

Vamos a comer.	Wir gehen essen./Lasst uns essen.

Español Actual – Lehrbuch 1 © FELDHAUS VERLAG, Hamburg

8

Una fiesta de fin de curso

Juan acaba de llegar a casa y está muy contento porque las notas de los últimos exámenes son muy buenas.

Juan:	Mamá, mañana quiero hacer una fiesta en casa para celebrar el fin de curso.
Madre:	Bueno, por mí puedes hacerla, pero yo no te puedo ayudar a prepararla porque mañana no voy a estar en casa.
Juan:	No importa. La puedo preparar yo solo.
Madre:	¿A quién vas a invitar?
Juan:	A mis amigos de clase.
Madre:	¿Los conozco yo?
Juan:	A las chicas creo que las conoces a todas. De los chicos sólo conoces a Ignacio y a Ricardo.
Madre:	¿Vas a invitar también a tu primo José?
Juan:	Sí, lo puedo invitar también. Bueno, voy a llamar a mis amigos.

Juan: ¡Hola, Mario! Soy Juan. Te llamo para invitarte mañana
a una fiesta en mi casa. ¿Tienes tiempo?

Mario: Sí, claro.

Juan: ¿Puedes llamar tú a Cristina y a Laura?

Mario: Sí, las llamo ahora mismo. ¿A qué hora es la fiesta?

Juan: A las ocho.

Mario: Si quieres voy a tu casa un poco antes para ayudarte.

Juan: ¿Puedes venir a las seis?

Mario: Sí, claro. Hasta mañana.

Juan: Adiós.

Teresa acaba de llegar a casa.

Teresa: ¡Hola, Juan! ¿Cómo estás?

Juan: Bien, gracias. Mañana voy a hacer una fiesta para celebrar
el fin de curso.
¿Tienes algo que hacer mañana por la tarde?

Teresa: No, si quieres te puedo ayudar.

Juan: ¿Puedes llamar a Marcos y a Sonia para invitarlos?

Teresa: A Marcos lo puedo llamar ahora mismo, pero Sonia está
de vacaciones.

Juan: Bueno, llama a Marcos y pregúntale si tiene tiempo.

8

Diálogo 1

A: ¿Quién va a hacer la comida hoy?
B: La puede hacer Pilar.
C: No, yo no la hago. No tengo tiempo.
  ¿La haces tú, Elena?
D: No, yo no la puedo hacer tampoco.
A: Entonces la hago yo.

Diálogo 2

A: ¿Dónde está mi libro? No lo veo. ¿Lo tienes tú?
B: No, yo no lo tengo. Quizá lo tiene Ricardo.
C: Sí, lo tengo yo, pero no te lo doy.
A: ¿Por qué no me lo das?
C: Porque lo necesito.

Diálogo 3

A: ¿Quién pone la mesa hoy? ¿La pones tú?
B: Bueno, ¿dónde están los vasos?
A: Están sucios. Hay que lavarlos. ¿Los lavas tú?
B: No, yo no los lavo. Si yo pongo la mesa, tú lavas los vasos.
A: Bueno, vale.

Diálogo 4

A: ¿Conoces a mi amigo Mario?
B: No, no lo conozco.
A: ¿Y a mi hermana Teresa?
B: No, tampoco la conozco.

Diálogo 5

A: ¿Invitamos a Pedro a la fiesta?
B: Sí, lo podemos invitar.
A: ¿Y a Sara?
B: Sí, podemos invitarla también.

Diálogo 6

A: ¿Vas a vender tu coche?
B: No, no voy a venderlo todavía.
A: ¿Por qué no lo quieres vender?
B: Porque acabo de arreglarlo.

Das verbundene Personalpronomen im Akkusativ und Dativ

Akkusativ		Dativ	
me	mich	me	mir
te	dich	te	dir
le/lo (Personen mask.)	ihn	le	ihm, ihr, Ihnen
la (Personen fem.)	sie, es		
lo, la (Sachen mask./fem.)	ihn, sie, es		
nos	uns	nos	uns
os	euch	os	euch
les/los (Personen mask.)			
las (Personen fem.)	sie	les	ihnen, Ihnen
los/las (Sachen mask./fem.)	sie		

Im Spanischen gibt es zwei Arten von Personalpronomen (mit und ohne Präposition). Die hier dargestellten Formen (ohne Präposition) treten **nur in Verbindung mit einem Verb** auf und werden daher **verbundene Personalpronomen** genannt.

Die Stellung des verbundenen Personalpronomens

1. **Vor** dem **konjugierten Verb**.

Te llamo a las 12 h.	Ich rufe dich um 12 Uhr an.
¿Conoces a Mario?	Kennst du Mario?
No, no **lo** conozco.	Nein, ich kenne ihn nicht.

Verneinung steht **davor**.

Hoy no **la** llamo.	Heute rufe ich sie nicht an.

2. Bei **Modalverben** (können, müssen, wollen, usw.), sowie bei einigen **Verbverbindungen** können die Pronomen **vor dem Hilfsverb** stehen oder **an den Infinitiv angehängt** werden.

Va a llamar**me** mañana.	Er/sie wird mich morgen anrufen.
Me va a llamar mañana.	Er/sie wird mich morgen anrufen.
Tengo que llamar**la**.	Ich muss sie anrufen.
La tengo que llamar.	Ich muss sie anrufen.
¿Puedo invitar**lo**?	Darf ich ihn einladen?
¿**Lo** puedo invitar?	Darf ich ihn einladen?
Acabo de hacer**lo**.	Ich habe es gerade getan.
Lo acabo de hacer.	Ich habe es gerade getan.

Gramática

3. **Angehängt** an die bejahende **Imperativform.**

Lláma**me** mañana.	Ruf mich morgen an!
Dé**me** dos sellos.	Geben Sie mir zwei Briefmarken!
Pregúnta**le** si tiene tiempo.	Frage ihn, ob er Zeit hat.
Di**le** que no tengo tiempo.	Sage ihm/ihr, dass ich keine Zeit habe.

4. Treffen zwei Pronomen beim Verb zusammen, so steht immer der **Dativ vor dem Akkusativ**.

Me regala un libro.	Er schenkt mir ein Buch.
Me lo regala.	Er schenkt es mir.
Os explico la gramática.	Ich erkläre euch die Grammatik.
Os la explico.	Ich erkläre sie euch.
No te doy el libro.	Ich gebe dir das Buch nicht.
No **te lo** doy.	Ich gebe es dir nicht.
Dame la carta.	Gib mir den Brief.
Dá**mela**.	Gib ihn mir.

5. Der Dativ der dritten Person

le (ihm, ihr, Ihnen) und **les** (ihnen, Ihnen) werden aus phonetischen Gründen vor
le, lo, la (Akkusativpronomen) zu **se**.

Regalo a mi madre un libro.	Ich schenke meiner Mutter ein Buch.

(le) (lo)	
Se lo regalo.	Ich schenke es ihr.

Das redundante Personalpronomen

Steht das Dativ- oder Akkusativobjekt am Satzanfang (zur besonderen Betonung),
so muss dieses durch das entsprechende verbundene Personalpronomen wiederholt
werden.

A Susana no **la** conozco.	Susana kenne ich nicht.
A mis padres no **les** escribo.	Meinen Eltern schreibe ich nicht.

Bei **todo** bzw. **todos** steht das redundante Personalpronomen auch
dann, wenn diese als Akkusativobjekt nachgestellt sind.

Lo sé **todo**.	Ich weiß alles.

Español Actual – Lehrbuch 1 © FELDHAUS VERLAG, Hamburg

Das Wort **mismo**

Mismo nach einem **Adverb verstärkt** die Bedeutung des Adverbs und ist unveränderlich.

ahora mismo	gleich jetzt, sofort
hoy mismo	heute noch
mañana mismo	gleich morgen
aquí mismo	genau hier

Wenn **mismo nach** einem **Pronomen, Eigennamen** oder **Substantiv** steht, bedeutet es **selbst** oder **selber**. Es stimmt mit dem Substantiv bzw. Pronomen in Geschlecht und Zahl überein.

yo mismo, -a	ich selbst/selber
Pilar misma	Pilar selbst
el profesor mismo	der Lehrer selbst

Wenn **mismo vor** einem **Substantiv** steht, bedeutet es **gleich**.

la misma escuela	die gleiche Schule
el mismo profesor	der gleiche Lehrer

Übersetzungsmöglichkeiten des Wortes **sí**

Tú no lo sabes. **Sí** que lo sé.	Du weißt es nicht. Ich weiß es doch.
Nadie lo sabe. Yo **sí**.	Niemand weiß es. Ich schon./Doch, ich.
Tú **sí** que estás gordo.	Du bist wohl/doch derjenige, der dick ist.
A Marcos **sí** lo conozco.	Marcos kenne ich doch.
Tú no vienes mañana, ¿verdad? Pues **sí**/claro que **sí**.	Du kommst morgen nicht, nicht wahr? Doch, natürlich/freilich.
Un día **sí** y otro no.	Jeden zweiten Tag.
Un día **sí** y otro también.	Tagaus, tagein.

En el Museo del Prado

Juan y Peter están en la cafetería de la escuela de idiomas.

Juan: ¡Hola, Peter! ¿Cómo te va? ¿Haces progresos en el idioma español?

Peter: Regular. La gramática es muy difícil.

Juan: ¿Te gusta Madrid?

Peter: Sí, me gusta mucho, pero todavía no conozco todo. El domingo quiero ir al Museo del Prado. ¿Quieres venir conmigo?

Juan: De acuerdo, pero tenemos que ir temprano. En el Museo del Prado hay más de 6.000 cuadros.

Peter: ¿Te parece bien a las nueve?

Juan: Sí, me parece bien. A las nueve estoy en tu casa.

En el Museo del Prado

Juan: Primero vamos a visitar las salas de Goya. ¿Conoces a Goya?

Peter: Sí, Goya es muy conocido en el extranjero. Me gusta mucho, pero no conozco todos sus cuadros. Es del siglo XVIII, ¿verdad?

Juan: Sí. La pintura de Goya es muy interesante. Hay que conocer su vida para comprender su pintura. Ahora vamos a ver las salas de otros pintores españoles del siglo XVII, quizás menos conocidos en el extranjero, pero también muy famosos en España como por ejemplo: Velázquez, Murillo y El Greco.

Peter: Velázquez es también muy interesante, pero los cuadros religiosos de Murillo y El Greco no me gustan.

Juan: ¿Vamos a tomar una copa? Estoy muy cansado.

Peter: ¡Vale, vamos!

Velázquez: "Las Menina

Goya (1746 – 1828). Su obra

Primer periodo: Los cartones para tapices

Los cartones para tapices, que pinta en la fábrica de tapices donde trabaja, representan temas populares del Madrid alegre. Pinta unos sesenta cartones en siete años.

El Quitasol

La maja desnuda (1797)

Segundo periodo: Los retratos

Retrata a los reyes (la familia de Carlos IV), a la aristocracia, a los políticos y artistas. Pinta unos 500 retratos.

La familia de Carlos IV (1800)

Tercer periodo: Los cuadros históricos

Los cuadros históricos representan las guerras contra los franceses en la época de Napoleón.

Los fusilamientos del 3 de Mayo de 1808

Cuarto periodo: Las pinturas negras

Las pinturas negras representan temas sombríos.

Saturno devorando a sus hijos (1820)

Diálogo 1

A: ¿Qué pintor te gusta más, Goya o Velázquez?

B: Me gusta más Goya, pero mi pintor preferido es Dalí. ¿Conoces el Museo de Dalí en Figueras?

A: No, no lo conozco.

B: ¿Y cuál es tu pintor preferido?

A: Mi pintor preferido es Picasso.

Diálogo 2

A: ¿Qué te gusta hacer los domingos?

B: Me gusta levantarme tarde, desayunar con tranquilidad y descansar.
A veces toco la guitarra y de vez en cuando hago un poco de deporte.
Por la tarde me gusta salir con mis amigos y cenar en un buen restaurante.

Diálogo 3

A: ¿Qué le gusta hacer en su tiempo libre?

B: Lo que más me gusta es no hacer nada, sobre todo los fines de semana.
En las vacaciones me gusta viajar, a veces voy a esquiar y a veces voy a la playa. También me gusta escuchar música y leer un buen libro.

Gramática

Das Verb **gustar**

me gusta (-n)	es gefällt mir (sie gefallen mir)
te gusta	es gefällt dir
le gusta	es gefällt ihr/ihm/Ihnen
nos gusta	es gefällt uns
os gusta	es gefällt euch
les gusta	es gefällt Ihnen/ihnen

Bitte beachten: ¿Te gusto?   Gefalle ich dir?
Me gustas.   Du gefällst mir.

Übersetzungsmöglichkeiten von **gustar**

gustar + Substantive	gefallen	Me gusta el libro.	Das Buch gefällt mir.
gustar + Personen	gern haben, mögen	Me gusta Pedro.	Ich mag Pedro.
gustar + Verben (Infinitiv)	etwas gerne tun	No me gusta trabajar.	Ich arbeite nicht gern.
gustar + Länder/Städte	lieben, mögen	Me gusta España.	Ich liebe Spanien.
gustar + Essen	schmecken, mögen	¿Te gusta la paella?	Schmeckt dir/magst du die Paella?

Español Actual – Lehrbuch 1 © FELDHAUS VERLAG, Hamburg

Weitere Beispiele:

¿Te gusta mi vestido?	Gefällt dir mein Kleid?
Sí, pero tú me gustas mucho más.	Ja, aber du gefällst mir viel besser.
¿Qué te gusta más?	Was gefällt dir besser?
Me gusta más ...	Es gefällt mir besser ...
Lo que más me gusta ...	Was mir am besten gefällt ...

Anwendung von **muy** und **mucho**

Beim **Adjektiv** und **Adverb** steht **muy**.

Juan es muy simpático.	Juan ist sehr nett.
Es muy temprano.	Es ist sehr früh.

Beim **Verb** steht **mucho** (unveränderlich).

Me gusta mucho Dalí.	Dalí gefällt mir sehr.
Trabajo mucho.	Ich arbeite viel.

Beim **Substantiv** steht **mucho, -a, os, -as**.

Tengo mucho trabajo.	Ich habe viel Arbeit.
Hay muchas personas en la calle.	Es sind viele Menschen auf der Straße.

Bitte beachten:

¿Estás contento?	Bist du zufrieden?
Sí, estoy muy contento. / Sí, mucho.	Ja, ich bin sehr zufrieden. / Ja, sehr.

Wenn das Adjektiv in einer Antwort nicht wiederholt wird, verwendet man **mucho**.

Die Steigerung von mucho ist **muchísimo**: Me gusta muchísimo.

Übersetzungsmöglichkeiten von **que**

¿qué?   was?

¿Qué es esto?	Was ist das?

que   dass

El profesor dice que no estudio.	Der Lehrer sagt, dass ich nicht lerne.

¿qué?   welcher, -e, -es?

¿Qué pintor te gusta más?	Welcher Maler gefällt dir am besten?

Gramática

¿qué?	was für ein/eine? (auch Mehrzahl)	
	¿Qué cuadro es?	Was für ein Bild ist das?
que	der, die, das (Relativpronomen)	
	Ese señor que está ahí es mi profesor.	Jener Mann, der dort ist, ist mein Lehrer.
	Los libros que están en la mesa son de Juan.	Die Bücher, die auf dem Tisch sind, gehören Juan.
lo que	(das) was	
	No sé lo que pasa.	Ich weiß nicht, was los ist.

¡qué + Substantiv !	was für ein, eine ...!	
¡qué + Adj./Adv. !	wie ...!	
	¡Qué chica!	Was für ein Mädchen!
	¡Qué bonito!	Wie schön!
	¡Qué bien!	Wie gut/schön!

Das Fragewort **cuál**

¿cuál?	welcher?, welche?, welches?
¿cuáles?	welche?

Cuál wird für Personen und Sachen gebraucht und hat für beide Geschlechter nur eine Form.
Cuál wird verwendet, wenn eine Auswahl zu treffen ist:

¿Cuál es la capital de España?	Welche ist die Hauptstadt von Spanien?
¿Cuál de estos cuadros te gusta más?	Welches von diesen Bildern gefällt dir am besten?
¿Cuáles son tus pintores preferidos?	Welche sind deine Lieblingsmaler?

Bitte beachten:

Cuál darf **nie** unmittelbar vor dem Substantiv stehen. Das deutsche **was für ein?** wird im Spanischen durch **¿qué?** übersetzt.

¿Qué pintor te gusta más?	Welcher Maler gefällt dir besser?

Español Actual – Lehrbuch 1 © FELDHAUS VERLAG, Hamburg

Die Ordnungszahlen   **Los números ordinales**

1° primero (primer)	6° sexto
2° segundo	7° séptimo
3° tercero (tercer)	8° octavo
4° cuarto	9° noveno
5° quinto	10° décimo

Gebrauch der Ordnungszahlen

1. Wenn **primero** und **tercero** vor männlichen Substantiven stehen, verlieren sie die Endung **o**.

Vivo en el **piso primero**.   Ich wohne im 1. Stock.
Vivo en el **primer piso**.

2. Die Ordnungszahlen werden dem Substantiv in **Geschlecht** und **Zahl** angeglichen.

la primera vez   das erste Mal
los primeros meses   die ersten Monate

3. Bei Tagen kann man im Spanischen **nur den ersten Tag des Monats** mit der Ordnungszahl versehen.

el primero de enero / el uno de enero   am 1. Januar

aber: el diez de marzo   am 10. März

4. Bei Jahrhunderten, bei **Königen, Päpsten** usw. werden die Ordnungszahlen **nur bis zehn verwendet**, danach werden die Grundzahlen gebraucht.

Carlos V (Quinto), Alfonso X (Décimo), Alfonso XII (Doce)
siglo VI (sexto), siglo XX (veinte)

5. Die deutschen Zahladverbien **erstens**, **zweitens** usw. werden wie folgt übersetzt:

erstens   primero, en primer lugar, primeramente
zweitens   segundo, en segundo lugar

Preguntando se va a Roma

Diálogo 1

A: ¿Cómo se va a la estación, por favor?

B: Vaya todo derecho hasta la Plaza de España y tome la primera calle a la derecha. Al final de la calle está la estación.

A: Muchas gracias.

B: De nada.

Diálogo 2

A: ¿Dónde está la calle Mayor, por favor?

B: Está en el centro. Está bastante lejos. Tome el metro hasta la Puerta del Sol.

A: ¿Cuántas estaciones hay?

B: No lo sé seguro, quizá cinco o seis.

A: Gracias.

B: De nada.

Diálogo 3

A: ¿Sabe dónde hay una farmacia cerca de aquí?

B: Sí, tiene que tomar la segunda calle a la izquierda y después la primera a la derecha.

A: ¿Está lejos?

B: No, está a unos diez minutos de aquí a pie.

A: Muchas gracias.

B: No hay de qué.

Diálogo 4

A: Perdón, señor, ¿vamos bien para la autopista de Valencia?

B: No, van ustedes mal por aquí. Tienen que dar la vuelta y tomar la carretera a la derecha.

A: Muchísimas gracias.

B: De nada.

Español Actual – Lehrbuch 1 © FELDHAUS VERLAG, Hamburg

Un chiste

Un señor está en una cabina telefónica. Está buscando un número de teléfono en la guía telefónica. En la calle está esperando otro señor.

Pasan cinco minutos y el señor que está dentro de la cabina todavía está buscando algo en la guía. Pasan diez minutos más. El señor que está en la calle está ya un poco nervioso.

Después de quince minutos el señor todavía está mirando la guía. El otro señor abre la puerta de la cabina y pregunta:

– ¿Puedo ayudarle? ¿Qué número busca?
– ¡Qué amable! Estoy buscando el número 48 53 25.

Redewendungen

¡Vaya con Dios!	Leben Sie wohl!
¡Vaya por Dios!	Was für ein Unglück!
¡Vaya/Qué desgracia!	Was für ein Unglück!
¡Vaya/Qué suerte!	Was für ein Glück!

Refranes – Sprichwörter

1. Preguntando se va a Roma.
   (etwa: Wer fragt, kommt an.)
2. Hablando del rey de Roma, por la puerta asoma.
   (etwa: Wenn man vom Teufel spricht ...)

Verwendung von **hay / está / están**

Das unpersönlich gebrauchte **haber** (hay – es gibt, da ist / sind; ha habido – es hat gegeben ...) drückt den Begriff des Vorhandenseins aus und entspricht dem deutschen **geben**. **Hay** wird gebraucht, wenn **das Substantiv** ...

1. **ohne Artikel** steht:

En la mesa hay libros.	Auf dem Tisch liegen (gibt es) Bücher.

2. mit dem **unbestimmten Artikel** steht:

En la mesa hay un libro.	Auf dem Tisch liegt (gibt es) ein Buch.

3. von einem **Zahlwort** begleitet ist:

En la mesa hay tres libros.	Auf dem Tisch liegen (gibt es) drei Bücher.

4. von einem **unbestimmten Pronomen** begleitet ist:

En la mesa hay algunos libros.	Auf dem Tisch liegen (gibt es) einige Bücher.

Estar (está oder están) wird nur gebraucht, wenn **das Substantiv** mit dem **bestimmten** Artikel steht:

El libro está en la mesa.	Das Buch liegt (ist) auf dem Tisch.

Präpositionen **Las preposiciones**

por	1. Mittel		Te llamo por teléfono.
	2. Zeitbestimmung		Por la mañana voy a la escuela.
	3. Ortsangaben (durch)		Viajo por España.
	4. Grund		Por mí (meinetwegen) puedes hacerlo.
para	1. Zweck, Absicht		Esto es para ti.
	2. Angabe der Richtung		Un billete para Madrid.
a	1. Richtung		Voy a España.
	2. Dativ		Escribo a María.
	3. Akkusativ (Personen)		Invito a Juan.
en	1. Ort (Wo?)		Estoy en casa.
	2. Zeitraum		Vengo en una hora.

Das Gerundium **El gerundio**

Das Gerundium ist eine unveränderliche Form des spanischen Verbs. Es bezeichnet hauptsächlich **eine Handlung während ihres Verlaufs.** In den meisten Fällen gibt es für diese Form keine direkte Entsprechung im Deutschen. Manchmal kann man das spanische **Gerundio** mit dem deutschen Partizip Präsens übersetzen (aufstehend – levantándose).

Das Gerundium ist immer **unveränderlich** und bei vielen Verben regelmäßig.

Infinitiv	Gerundio	Endung
trabajar	trabaj**ando**	**-ando** (1. Konjugation)
comer	com**iendo**	**-iendo** (2. Konjugation)
escribir	escrib**iendo**	**-iendo** (3. Konjugation)

10 Gramática

Verlaufsform (gerade etwas tun)

Die Verlaufsform wird aus dem konjugierten Verb **estar + gerundio** gebildet.

Die Verlaufsform drückt einen Vorgang aus, der zu einem bestimmten Zeitpunkt abläuft, **aber noch nicht abgeschlossen** ist.

¿Qué está haciendo el Sr. García?	Was macht Herr García gerade?
Está escribiendo una postal.	Er schreibt gerade eine Postkarte.

Die **Reflexiv- und Personal-Pronomen** werden am Gerundium **angehängt** oder stehen **vor** dem Hilfsverb **estar**.

El Sr. Sánchez **se** está levantando.	Herr Sánchez steht gerade auf.
El Sr. Sánchez está levantándo**se**.	Herr Sánchez steht gerade auf.
Mi madre **me** está llamando.	Meine Mutter ruft mich gerade.
Mi madre está llamándo**me**.	Meine Mutter ruft mich gerade.

Español Actual – Lehrbuch 1 © FELDHAUS VERLAG, Hamburg

Rafael y Carmen están bailando.

El señor está hablando por teléfono.

El señor García está comiendo.

Don Antonio está fumando.

¿Qué tiempo hace?

Los meses del año

Diálogo 1

A: ¿Qué estación del año te gusta más?
B: Me gusta más el verano.
A: ¿Por qué?
B: Porque hace calor y puedo bañarme en la playa. ¿Y a ti?
A: El invierno porque puedo ir a esquiar. La playa no me gusta.

Diálogo 2

A: ¿Qué día de la semana te gusta más?
B: Me gusta más el sábado porque no trabajo y puedo levantarme tarde.
A: ¿Cuándo es tu cumpleaños?
B: El 5 de julio. ¿Y el tuyo?
A: El mío es el 3 de julio. Lo podemos celebrar juntos.
B: Sí, es una buena idea.

Diálogo 3

A: ¿Hace frío en tu país en invierno?
B: Sí, hace mucho frío y nieva mucho. ¿Y en el tuyo?
A: En el mío no nieva casi nunca, pero a veces hace frío.
   ¿Qué deporte haces tú en invierno?
B: Normalmente hago gimnasia y a veces, cuando nieva, voy a esquiar.

Español Actual – Lehrbuch 1 © FELDHAUS VERLAG, Hamburg

Diálogo 4

A: ¿Cuántas horas trabaja Ud. al día?

B: Depende. Soy profesora. Dos días a la semana tengo cuatro horas de clase y tres días a la semana seis horas.

A: ¿De qué da Ud. clases?

B: De alemán.

A: ¿Qué va a hacer usted el fin de semana?

B: Si llueve, voy a quedarme en casa y si hace buen tiempo, voy a ir a pasear.

Diálogo 5

A: ¿Son suyas estas maletas, señora?

B: No, señor, no son mías. Son de esa señora.
Las mías son esas maletas negras.

Diálogo 6

A. ¿Tienes mis cigarrillos?

B: ¿Tus cigarrillos? Tú sabes que no fumo.
Pero aquí hay un paquete de cigarrillos.
¿Son estos cigarrillos tuyos?

A: Sí, esos cigarrillos son los míos.

11

Das Datum **La fecha**

¿Qué día es hoy?	Was ist heute für ein Tag?
Hoy es sábado.	Heute ist Samstag.
Hoy es el 15 (quince) de marzo de dos mil tres.	Heute ist der 15. März 2003.
¿A cuántos estamos?	Den Wievielten haben wir heute?
Estamos a 10 (diez) de junio.	Wir haben den 10. Juni.
¿En qué mes estamos?	In welchem Monat sind wir?
Estamos en (el mes de) octubre.	Wir haben Oktober.

Im Spanischen gebraucht man beim Datum, anders als im Deutschen, die **Grundzahlen**.
Die einzige Ausnahme ist der erste Tag des Monats, für den beide Formen möglich sind:

Hoy es el uno/el primero de julio.	Heute ist der 1. Juli.
El 11 (once) de agosto es mi cumpleaños.	Am 11. August ist mein Geburtstag.

Im Spanischen werden die Jahreszahlen wie alle anderen Zahlen gelesen
(1990 – mil novecientos noventa), und nicht, wie im Deutschen, in Hunderten.

Das Wetter **El tiempo**

1. **¿Qué tiempo hace?**   **Wie ist das Wetter?**

Hace ...	Es ist ...
Hace (mucho) frío.	Es ist (sehr) kalt.
Hace calor.	Es ist warm.
Hace buen/mal tiempo.	Das Wetter ist gut/schlecht.
Hace 5 grados (bajo cero).	Es sind 5° C unter Null.
Hace 30 grados (sobre cero) (al sol/a la sombra).	Es sind 30° C über Null (in der Sonne/im Schatten).
Hace aire/viento.	Es ist windig.
Hace sol.	Es ist sonnig.

2. **Llover, nevar, ...**   **Regnen, schneien, ...**

Llueve./Está lloviendo.	Es regnet.
Nieva./Está nevando.	Es schneit.
Está nublado.	Es ist bewölkt.

3. **Tengo ...**   **Mir ist (es) ...**

Tengo frío.	Mir ist (es) kalt.
Tengo calor.	Mir ist (es) warm.

Las estaciones del año

La primavera empieza el 21 de marzo.
En primavera hace buen tiempo.
A veces hace sol; a veces llueve.

El verano empieza el 21 de junio.
En verano hace mucho calor.
Hace sol.

El otoño empieza el 21 de septiembre.
En otoño llueve mucho.
A veces hace sol; a veces está
nublado y hace viento.

El invierno empieza el 21 de
diciembre.
En invierno hace mucho frío.
A veces llueve y a veces nieva.

Un día muy frío de invierno un señor va a la oficina con
ropa de verano.
El jefe, sorprendido, le pregunta:

Jefe: ¿Cómo viene usted así a trabajar?
             ¿No sabe que estamos en el mes de diciembre?
Empleado: Yo sí sé que estamos en diciembre, pero parece ser que
             usted cree que estamos todavía en el mes de agosto porque
             desde julio no me paga.

Un señor va de vacaciones en el mes de julio a la montaña, pero con
tan mala suerte que todos los días está lloviendo.
Después de una semana el señor pregunta en el hotel:

– Oiga, ¿es que aquí llueve siempre?
– No, señor. En invierno incluso nieva.

Das betonte Possessivpronomen

mío, mía, (-s)	mein(e)	nuestro, nuestra, (-s)	unser(e)
tuyo, tuya, (-s)	dein(e)	vuestro, vuestra, (-s)	euer(e)
suyo, suya (-s)	sein/ihr/Ihr	suyo, suya, (-s)	ihr/Ihr

Die betonten Possessivpronomen stehen – im Gegensatz zu den
Unbetonten (Lektion 5) – **alleine** oder **nach dem Substantiv**.
Sie werden in Zahl und Geschlecht dem Substantiv angeglichen.

Bitte beachten:

Ser + betonte Possessivpronomen = gehören

¿De quién es el libro?	Wem gehört das Buch?
Es mío.	Es gehört mir.
¿Dónde está el mío?	Wo ist das meine?
El tuyo está en la escuela.	Deines ist in der Schule.
El coche es suyo.	Das Auto gehört ihm/ihr/Ihnen/ihnen.
La casa es suya.	Das Haus gehört ihm/ihr/Ihnen/ihnen.
¡Dios mío!	Mein Gott!
¡Madre mía!	Heilige Mutter Gottes!
Muy señor mío:	Sehr geehrter Herr!
El gusto es mío.	Ganz meinerseits.
Lo mío.	Das meine/was mir gehört/was mich betrifft.

Bitte beachten:

(Es) mi amiga.	(Sie ist) meine Freundin.
(Es) una amiga mía.	(Sie ist) eine meiner Freundinnen.
Es muy amigo mío.	Er ist ein guter Freund von mir.

Unterschied zwischen **si** und **cuando**

Si drückt eine **Bedingung** oder eine **Möglichkeit** aus.

Si hace buen tiempo, voy a pasear.
Wenn (falls; angenommen, dass) schönes Wetter ist ...

Cuando drückt eine **Erfahrungstatsache** aus.

Cuando hace buen tiempo, voy a pasear.
(Immer/Jedesmal), wenn schönes Wetter ist ...

El cumpleaños

Hoy es el cumpleaños de Teresa. Por la tarde da una fiesta en su casa. La fiesta empieza a las ocho de la tarde y termina a las tres de la madrugada. Se acuesta casi a las cuatro. Sólo puede dormir cuatro horas.
Al día siguiente llega una hora tarde a la oficina. El jefe está muy enfadado.

Jefe: Señorita, ¿no sabe que aquí se empieza a trabajar a las ocho de la mañana? Son casi las nueve. ¿Qué piensa usted? ¿Cree que la oficina es un bar donde se puede entrar y salir a cualquier hora?

Teresa: ¡Lo siento mucho! Me encuentro un poco mal.

Jefe: ¿Se siente mal? ¿Está enferma? Sí, tiene mala cara. Está muy pálida. ¿Le traigo un poco de agua?

Teresa: No, no, no hace falta. Ya me encuentro mejor.

Jefe: ¿No prefiere volver a casa y acostarse?

Teresa: No, creo que puedo trabajar.

Jefe: ¡Si usted lo prefiere ...!

Diálogo 1

A: ¿Qué piensas hacer en las vacaciones?
B: Pienso ir a España.
A: ¿Cuánto tiempo piensas pasar allí?
B: Pienso pasar tres semanas allí.
A: ¿Piensas ir a la playa?
B: No, prefiero visitar algunas ciudades.

Diálogo 2

A: ¿Qué piensa hacer usted esta tarde?
B: Pienso volver a casa lo antes posible y acostarme.
A: ¿A qué hora se acuesta Ud. normalmente?
B: Normalmente me acuesto a las doce de la noche, pero hoy me encuentro un poco mal y me voy a acostar muy pronto.

Diálogo 3

A: ¿Te apetece ir esta tarde conmigo al cine?
B: Sí, me apetece mucho.
A: ¿Te parece bien a las seis?
B: No, prefiero un poco más tarde porque tengo que estudiar.

Diálogo 4

A: ¿A qué hora cierran los bancos?
B: A las dos de la tarde.
A: ¿Y por la tarde?
B: En España los bancos no abren por la tarde.

Por la mañana no puedo desayunar porque te quiero y pienso en ti.
A mediodía no puedo comer porque pienso en ti.
Por la tarde no puedo cenar porque pienso en ti.
Por la noche no puedo dormir porque tengo hambre.

Unregelmäßige Verben im Präsens

1. Verben, bei denen das **o** des Stammes, wenn es betont ist, zu **ue** wird (**o** ⟶ **ue**)

acostarse ins Bett gehen	**poder** können	**dormir** schlafen
Präsens	Präsens	Präsens

me acu**e**sto	p**ue**do	d**ue**rmo
te acu**e**stas	p**ue**des	d**ue**rmes
se acu**e**sta	p**ue**de	d**ue**rme
nos acostamos	podemos	dormimos
os acostáis	podéis	dormís
se acu**e**stan	p**ue**den	d**ue**rmen

Zu dieser Gruppe gehören auch:

volver	zurückkommen
encontrar	finden
encontrar(se)	(sich) treffen, sich fühlen

2. Verben, bei denen das **e** des Stammes, wenn es betont ist, zu **ie** wird (**e** ⟶ **ie**)

pensar denken, vorhaben	**entender** verstehen	**preferir** vorziehen
Präsens	Präsens	Präsens

p**ie**nso	ent**ie**ndo	pref**ie**ro
p**ie**nsas	ent**ie**ndes	pref**ie**res
p**ie**nsa	ent**ie**nde	pref**ie**re
pensamos	entendemos	preferimos
pensáis	entendéis	preferís
p**ie**nsan	ent**ie**nden	pref**ie**ren

Einige wichtige Verben dieser Gruppe sind:

querer	wollen, lieben
cerrar	zumachen
sentarse	sich setzen
sentir(se)	(sich) fühlen, bedauern

3. Andere unregelmäßige Verben sind:

hacer	machen	hago, haces, hace, hacemos, hacéis, hacen
tener	haben	tengo, tienes, tiene, tenemos, tenéis, tienen
decir	sagen	digo, dices, dice, decimos, decís, dicen
saber	wissen, können	sé, sabes, sabe, sabemos, sabéis, saben
dar	geben	doy, das, da, damos, dáis, dan
poner	setzen, legen, stellen	pongo, pones, pone, ponemos, ponéis, ponen
venir	kommen	vengo, vienes, viene, venimos, venís, vienen
traer	bringen	traigo, traes, trae, traemos, traéis, traen
salir	hingehen, ausgehen	salgo, sales, sale, salimos, salís, salen

Übersetzungsmöglichkeiten von **pensar**

1. **pensar (en) – denken (an)**

¿(En) qué piensas?	Woran (an was) denkst du?
No pienso (en) nada.	Ich denke (an) nichts.
Pienso siempre en ti.	Ich denke immer an dich.

2. **pensar que – denken, meinen**

pensar(de / sobre) – meinen (über)

Pienso que Carlos no viene hoy.	Ich meine/denke, dass Carlos heute nicht kommt.
¿Qué piensas de / sobre Isabel?	Was ist deine Meinung über Isabel?

3. **pensar + Verb in Grundform – vorhaben, gedenken zu tun**

¿Qué piensas hacer en verano?	Was hast du im Sommer vor?
Pienso ir a Ecuador.	Ich habe vor, nach Ecuador zu fahren.
¿Qué piensas hacer esta tarde?	Was hast du heute Abend vor?
Pienso ir a bailar.	Ich habe vor, tanzen zu gehen.
¿Piensas hacer eso?	Hast du vor, so etwas zu machen?
Sí, pienso hacerlo.	Ich gedenke, es zu tun.

Bitte beachten:

Während im Deutschen »vorhaben« ohne weitere Bestimmung gebraucht werden kann, darf man im Spanischen nach **pensar** nie das Verb **hacer** weglassen!

¿Qué piensas hacer?	Was hast du vor (zu machen)?
¿Qué piensas?	Was denkst du?

4. **pensar mal – misstrauisch sein/ das Schlechteste annehmen**

Expresiones:

¡Ni pensarlo!	Nicht im Traum!
sin pensarlo	gedankenlos/unüberlegt
El día menos pensado ...	Eines schönen Tages ...
ser un mal pensado	immer das Schlechteste denken
estar pensativo	nachdenklich sein

13 Las Navidades

Juan y Peter entran en un bar. No quedan mesas libres y se
sientan en unos taburetes que hay delante de la barra.

Camarero:	¿Qué vais a tomar?
Juan:	Para mí un cortado, por favor.
Peter:	Yo quiero una caña.
Juan:	¿Vas a ir en Navidades a Alemania?
Peter:	No, no tengo suficiente dinero. Es la primera vez que no voy a pasar las Navidades en mi casa. ¿Cómo se celebran las Navidades en España?
Juan:	El día de Nochebuena es muy familiar, pero es muy alegre. Se come y se bebe muchísimo. También se cantan villancicos, pero no hay regalos como en Alemania. Los regalos se hacen el día 6 de enero. Los niños ponen sus zapatos el día 5 por la noche en la terraza y creen que los Reyes Magos traen los regalos. El día 31 se llama Nochevieja y una tradición típica española es tomar doce uvas a las doce de la noche y chocolate con churros a las seis de la mañana, después de bailar toda la noche. Si quieres puedes pasar las Navidades con mi familia y conmigo y así ves cómo se celebran.
Peter:	Muchas gracias por la invitación. Estar solo en Navidades es muy triste.

Pilar:	¡Hola, Juan! ¿Cómo has pasado las vacaciones?
Juan:	Muy bien, gracias. Peter ha estado con nosotros y nos lo hemos pasado muy bien. Y tú, ¿qué has hecho? ¿Has ido a esquiar?
Pilar:	Sí, he estado con mis padres. Hemos visitado a la familia y de vez en cuando he ido a esquiar. También me lo he pasado muy bien.

Español Actual – Lehrbuch 1 © FELDHAUS VERLAG, Hamburg

Diálogo 1

Elena: ¿Qué has hecho hoy?

Pilar: Me he levantado muy tarde, he desayunado y después he ido a pasear.
A las dos he vuelto a casa y he preparado la comida.
Después de comer me he acostado un rato y por la tarde
he estado en casa de Juan.

Diálogo 2

Juan: ¿Dónde has estado esta tarde?

Teresa: He estado en el cine.

Juan: ¿Qué película has visto?

Teresa: He visto la película "Carmen".

Juan: ¿Te ha gustado?

Teresa: Sí, me ha gustado mucho.
Y tú, ¿qué has hecho?

Juan: Yo he estado en una fiesta de cumpleaños.

Teresa: ¿Cómo te lo has pasado?

Juan: Me lo he pasado muy bien.

Diálogo 3

Pepe: ¿Qué tiempo ha hecho este invierno en Alemania?
Karl: Este invierno ha hecho mucho frío. Ha llovido y ha nevado mucho.
También ha hecho mucho viento. ¿Y en España?
Pepe: En España no ha hecho mucho frío, pero también ha llovido mucho.

Diálogo 4

Pedro: ¿Por qué no habéis venido a comer hoy?
Carmen: Porque no hemos tenido tiempo. Hemos vuelto a casa a las tres.
Ya sabes que esta mañana hemos tenido que trabajar y hemos
terminado muy tarde.
Pedro: Entonces os espero esta noche para cenar porque he preparado una
empanada.
Carmen: Estupendo. A las ocho estamos en tu casa.

Chistes

Jaimito está haciendo travesuras toda la tarde. La mamá se cansa por
fin y dice:

Madre: Ya me has cansado. ¡Ahora mismo te vas a acostar!
Jaimito: Eso sí que es bueno ... Te cansas tú y yo soy el
que tiene que acostarse.

– ¡Qué elegante estás, Pepe! ¿A qué te dedicas?
– Vendo muebles.
– ¿Has vendido muchos?
– Todos los míos.

13

Gramática

Perfekt Indikativ   **Pretérito perfecto de indicativo**

Die Bildung des Perfekts erfolgt im Spanischen mit dem **Präsens** des Hilfsverbs **haber** (egal, ob im Deutschen sein oder haben steht) und dem **Partizip Perfekt** des Hauptverbs.

Präsens von **haber**: he, has, ha, hemos, habéis, han

Partizip Perfekt

1. regelmäßige Verben

Infinitiv	Partizip	Endung	Konjugation
trabajar	trabaj**ado**	**–ado**	1. (-ar)
comer	com**ido**	**–ido**	2. (-er)
vivir	viv**ido**	**–ido**	3. (-ir)

2. unregelmäßige Verben

decir	sagen	**dicho**	gesagt
hacer	machen	**hecho**	gemacht
abrir	öffnen	**abierto**	geöffnet
escribir	schreiben	**escrito**	geschrieben
morir	sterben	**muerto**	gestorben
poner	stellen, legen	**puesto**	gestellt, gelegt
romper	zerbrechen	**roto**	zerbrochen, kaputt
ver	sehen	**visto**	gesehen
volver	zurückkommen	**vuelto**	zurückgekommen

Beispiele:

trabajar arbeiten		**comer** essen		**decir** sagen	
he	trabajado	he	comido	he	dicho
has	trabajado	has	comido	has	dicho
ha	trabajado	ha	comido	ha	dicho
hemos	trabajado	hemos	comido	hemos	dicho
habéis	trabajado	habéis	comido	habéis	dicho
han	trabajado	han	comido	han	dicho

Español Actual – Lehrbuch 1 © FELDHAUS VERLAG, Hamburg

1. Das **Partizip** ist im Perfekt immer **unveränderlich**. Das Hilfsverb **haber** und das Partizip dürfen nicht getrennt werden. Reflexiv- oder Personalpronomen **stehen davor.**

(No) me he lavado	Ich habe mich (nicht) gewaschen.
¿(No) me ha llamado Juan?	Hat Juan mich (nicht) angerufen?

2. Die **Modalverben**

können – poder	wollen – querer
müssen – tener que	sollen – deber usw.

bleiben in der Perfekt-Konjugation **nicht** im **Infinitiv**, wie im Deutschen.

No he podido dormir.	Ich habe nicht schlafen können.
He tenido que hacerlo.	Ich habe es machen müssen.

Gebrauch des Perfekts

1. Das Perfekt bezeichnet eine **Handlung**, die zwar in der Vergangenheit begann, jedoch **selbst** oder mit ihren **Auswirkungen** bis in die **Gegenwart** heranreicht.

Siempre he fumado mucho.	Ich habe immer viel geraucht.
He escrito a mi padre.	Ich habe meinem Vater geschrieben.

2. Das Perfekt dient auch zur Bezeichnungen von Handlungen, die in einem **Zeitraum** abgeschlossen wurden, der **noch nicht beendet** ist, wie:

hoy, esta semana, este mes, este año, este siglo

¿Qué has hecho hoy?	Was hast Du heute gemacht?
Esta semana no he trabajado.	Diese Woche habe ich nicht gearbeitet.
Este año he estado en Perú.	Dieses Jahr bin ich in Peru gewesen.

3. Das Perfekt wird auch verwendet, wenn **kein Zeitpunkt** angegeben ist.

¿Has estado (alguna vez) en París?	Bist du (schon einmal) in Paris gewesen?

4. Das Perfekt wird auch gebraucht mit **Adverbien** wie:

ya (schon), todavía (noch), nunca (nie), siempre (immer),
también (auch), tampoco (auch nicht) etc.

Ya ha comido.	Er/sie hat schon gegessen.
Todavía no hemos comido.	Wir haben noch nicht gegessen.
¿Nunca ha estado Ud. aquí?	Sind Sie nie hier gewesen?

Bitte beachten:

1. **Siempre**, **ya** und **todavía** können **vor** oder **nach** dem Verb stehen.

Ya he comido.	He comido **ya**.
Todavía no he comido.	No he comido **todavía**.

2. Wenn **nunca**, **tampoco**, **nada** und **nadie nach dem Verb** stehen, so muss die zusätzliche Negation „**no**" vor dem Verb stehen.

No he estado **nunca** aquí.	**Nunca** he estado aquí.
Yo **no** he comido **tampoco**.	Yo **tampoco** he comido.
No ha venido **nadie**.	**Nadie** ha venido.

14

Madre de Pilar:	¡Dígame!
Juan:	¿Está Pilar, por favor?
Madre:	¿De parte de quién?
Juan:	De Juan.
Madre:	Un momento, por favor ... Pilar, es para ti.
Pilar:	¿Sí?
Juan:	¡Hola, Pilar! Soy Juan. ¿Has hablado ya con Peter y Karl?
Pilar:	Sí, los he visto esta mañana en la Universidad y me han dicho que dan una fiesta de despedida el sábado porque la semana próxima regresan a Alemania. También me han invitado a ir a su casa en verano.
Juan:	A mí también me han invitado, pero el viaje es muy caro y no sé si voy a poder ir. ¿Y tú?
Pilar:	No lo sé tampoco. ¿Crees que les ha gustado vivir aquí? Me ha parecido que tienen muchas ganas de volver a Alemania.
Juan:	Después de vivir aquí ocho meses es lógico, pero a mí me han dicho que ha sido una experiencia muy interesante para ellos y que han aprendido mucho español. Han visitado muchos lugares y han conocido a mucha gente.
Pilar:	Juan, tengo que terminar porque mi madre me está llamando para comer. ¿Nos vemos el sábado en la fiesta?
Juan:	Si quieres te voy a buscar a las siete.
Pilar:	Me parece muy bien. ¡Hasta el sábado!
Juan:	¡Adiós!

Personalpronomen **Pronombres personales**

Es gibt im Spanischen zwei Arten von Personalpronomen:

Verbundene oder **unbetonte** Personalpronomen

Diese Formen ohne Präposition sind die häufigsten und können nur als Dativ- oder Akkusativobjekt in Verbindung mit einem Verb verwendet werden. Sie können **nie** allein stehen.

Unverbundene oder **betonte** Personalpronomen

Diese Formen können für sich allein stehen, oder zusammen mit den unbetonten Formen gebraucht werden.

(**betonte** Formen)	(**unbetonte** Formen)
a mí	me
a ti	te
a él, a ella, a Ud.	le
a nosotros	nos
a vosotros	os
a ellos, a ellas, a Uds.	les

Alle Formen sind beim Dativ und Akkusativ gleich, außer der
3. Person Akkusativ der unbetonten Form.

lo, la (ihn, sie, es) für **Sachen**
le / lo (ihn) , la (sie, es) für **Personen**

Gebrauch

Die **unbetonten** Formen werden im Dativ und Akkusativ gebraucht, wenn sie nicht mit einer Präposition verbunden sind. Sie treten nur **in Verbindung mit einem Verb** auf und werden deshalb auch verbundene Personalpronomen genannt.

Die **betonten Formen** werden gebraucht:

1. Wenn das unbetonte Personalpronomen besonders **hervorgehoben** werden soll, so wird **die entsprechende betonte Form** als redundantes Personalpronomen **hinzugefügt**.

Me gusta Goya.	Goya gefällt mir.
A mí me gusta Goya.	Mir (persönlich) gefällt Goya. (besonders betont)

2. **Alleinstehend** (ohne Verb).

¿A quién le gusta?	Wem gefällt es?
A mí.	Mir.
¿Y a ti?	Und dir?
¿Y a usted?	Und Ihnen?

3. In Verbindung **mit anderen Präpositionen**.

Esto es para mí/ti/él.	Das ist für mich/dich/ihn.
por mí	meinetwegen
sin él	ohne ihn

Ausnahmen:

conmigo	mit mir
contigo	mit dir
entre tú y yo	zwischen dir und mir
según tú	deiner Meinung nach

4. Wenn bei der **3. Person** eine **Mehrdeutigkeit** entsteht.

Se lo he dicho.	Ich habe es ihm, ihr, ihnen, Ihnen gesagt.
Se lo he dicho **a ella**.	Ich habe es ihr gesagt.

Bitte beachten: Le und **les** wird vor **lo, la** bzw. **los** und **las** zu **se**.

Beachten Sie auch die Übersetzung:

A mí me gusta bailar.	Ich tanze gern.
A mí también.	Ich auch.
A mí no.	Ich nicht.
A mí no me gusta viajar.	Ich reise nicht gern.
A mí tampoco.	Ich auch nicht.
A mí sí.	Ich schon.

14 Gramática

Expresiones usuales

Tiene que ponerse a la cola.	Sie müssen sich anstellen.
¿Quién es el último?	Wer ist der Letzte (der Nächste)?
¿A quién le toca?	Wer ist an der Reihe?
Me toca a mí.	Ich (bin an der Reihe).
Te toca a ti.	Du bist dran.
Se ha colado.	Er/sie hat sich vorgedrängt.

Adverbien   **Adverbios**

aquí	hier	allí/ahí	dort
a veces	manchmal	muchas veces	oft
siempre	immer	nunca	nie
ya	schon	ya no	nicht mehr
también	auch	tampoco	auch nicht
pronto	bald	todavía (no)	noch (nicht)
temprano	früh	tarde	spät
sólo	nur	ahora	jetzt
bastante	ziemlich	quizá(s)	vielleicht
casi	fast	apenas	kaum
		demasiado	zu viel, zu (+ Adjektiv)

Español Actual – Lehrbuch 1 © FELDHAUS VERLAG, Hamburg

Sr. Don
Miguel Sánchez Pérez
Alcalá, 8, 2°, 1° izq.
E-28014 Madrid
ESPAÑA

El Sr. Müller vive en Colonia. La semana próxima tiene que ir a Madrid en viaje de negocios. Quiere aprovechar la ocasión para visitar a sus amigos españoles y les escribe una carta.

Colonia, 23 de enero de 2004

Queridos amigos:

Tengo que ir unos días a Madrid por mi trabajo y he tomado unos días más de vacaciones para estar con vosotros y visitar los alrededores de Madrid.
Llegaré el día 3 de febrero. Iré en avión. El avión llegará al aeropuerto de Barajas a las cinco y media de la tarde. La empresa donde trabajo ya ha reservado una habitación en el Hotel Victoria, que creo no está muy lejos de vuestra casa. Os llamaré nada más llegar.
Un fin de semana me gustaría visitar Toledo. Me han dicho que es una ciudad muy bonita e interesante y todavía no he estado allí. ¿Os gustaría acompañarme? Me alegraría mucho.

Un abrazo y besos a los niños. Un saludo muy cordial de mi familia.

Tomas Müller

En el hotel

Sr. Müller:	Buenas tardes. He reservado una habitación a nombre del Sr. Müller.
Recepcionista:	¿Es una habitación doble?
Sr. M.:	No, individual con baño.
Recepcionista:	Sí, señor. Hay una reserva para 15 días con pensión completa.
Sr. M.:	La segunda semana me gustaría tener la habitación con media pensión ya que quiero visitar los alrededores. ¿Sería posible?
Recepcionista:	Sí, señor. No hay ningún problema. Aquí tiene la llave de su habitación. Es la habitación número 315. Está en el tercer piso. El ascensor está al fondo a la derecha. ¿Me puede dar su pasaporte, por favor?
Sr. M.:	Sí, tenga.
Recepcionista:	Muchas gracias.
Sr. M.:	¿A qué hora es el desayuno, por favor?
Recepcionista:	De ocho a diez.
Sr. M.:	¿Me podría llamar mañana a las ocho?
Recepcionista:	Con mucho gusto.

Un señor entra en un hotel y pregunta al recepcionista:

– ¿Cuánto cuesta una habitación individual en este hotel?
– Depende, en el primer piso cuesta 80 euros.
– ¿Y en el segundo?
– En el segundo vale 70 euros.
– ¿Y en el tercer piso?
– En el tercero cuesta 60 euros, señor.
– ¿Y en el cuarto?
– En el cuarto son 50 euros.
– ¿Y en el quinto?
– Lo siento, señor, pero este hotel sólo tiene cuatro pisos.
– La verdad es que este hotel está muy bien, pero, desgraciadamente, es demasiado bajo para mí.

Gramática

Futur und Konditional   **Futuro y condicional**

1. Regelmäßige Verben

Futur			
	hablar	**é**	hablar**é**
		ás	hablar**ás**
		á	hablar**á**
	comer	**+**	**emos**	hablar**emos**
		éis	hablar**éis**
	vivir	**án**	hablar**án**

Konditional			
	hablar	**ía**	hablar**ía**
		ías	hablar**ías**
		ía	hablar**ía**
	comer	**+**	**íamos**	hablar**íamos**
		íais	hablar**íais**
	vivir	**ían**	hablar**ían**

2. Unregelmäßige Verben

	Stamm	Futur	Konditional
tener	tendr-	**é**	**ía**
poner	pondr-		
venir	vendr-	**ás**	**ías**
salir	saldr-		
caber	cabr-	**á**	**ía**
haber	habr-		
poder	podr-	**emos**	**íamos**
saber	sabr-		
valer	valdr-	**éis**	**íais**
querer	querr-		
decir	dir-	**án**	**ían**
hacer	har-		

Beispiele:	Futur	Konditional
	tendr**é**	tendr**ía**
	tendr**ás**	tendr**ías**
	tendr**á**	tendr**ía**
	tendr**emos**	tendr**íamos**
	tendr**éis**	tendr**íais**
	tendr**án**	tendr**ían**

    Español Actual – Lehrbuch 1 © FELDHAUS VERLAG, Hamburg

Bildung und Anwendung des Futur I

Das erste Futur (Futuro imperfecto) wird gebildet, indem an
die volle Form des Infinitivs die Endungen

-é, -ás, -á, -emos, -éis, -án

angehängt werden. Sie entsprechen den Formen des **Präsens** von **haber**:

h**e**, h**as**, h**a**, h**emos**, hab**éis**, h**an**

Diese Endungen sind für alle drei Konjugationen **ohne Ausnahmen**
gleich. Die Unregelmäßigkeiten treten nur im **Stamm** auf.

Das erste Futur wird gebraucht, um :

1. Einen in der **Zukunft** liegenden **Vorgang** oder **Zustand** zu bezeichnen.

En verano iré a España.   Im Sommer werde ich nach Spanien fahren.

2. Eine **Vermutung** in der Gegenwart auszudrücken.

Serán las tres.   Es wird wohl 3 Uhr sein.

Bildung und Anwendung des Konditionals I

Der Konditional entspricht häufig der deutschen Möglichkeitsform
mit **würde.** Der Konditional I wird gebildet, indem man an die volle
Form des Infinitivs die folgenden Endungen anhängt:

-ía, -ías, -ía, -íamos, -íais, -ían

Die Endungen sind für alle drei Konjugationen gleich. Die **Änderungen
im Stamm** treten bei den gleichen Verben wie im Futur auf.

Der erste Konditional wird gebraucht:

1. Um eine Frage **höflicher** zu formulieren.

¿Podría decirme dónde está la calle ...?	Könnten Sie mir sagen, wo die ... Straße ist?

2. Wenn eine Handlung nur unter einer **gewissen Bedingung** eintritt.

Con un millón de euros me compraría una casa.	Mit einer Million Euro würde ich ein Haus kaufen.

3. Als **Rat** oder als **Vorschlag**.

Deberías estudiar más.	Du solltest mehr lernen.
En verano podríamos ir a España.	Im Sommer könnten wir nach Spanien fahren

4. Um **persönliche Wünsche** auszudrücken.

Me gustaría ir a España.	Ich würde gerne nach Spanien fahren.

Bitte beachten:

Anstelle von **querría** (Konditional von "querer" – ich möchte/hätte gerne) wird meist **quisiera** (Konjunktiv Imperfekt) verwendet.

Quisiera una blusa.	Ich hätte gerne/möchte eine Bluse.

5. Um eine Vermutung in der Vergangenheit auszudrücken.

Serían las dos.	Es dürfte 2 Uhr gewesen sein.
Llegaría a las ocho.	Er/sie/es dürfte um 8 Uhr angekommen sein.

16

En un restaurante

A: ¿Hay una mesa libre para cuatro personas?
Ca: Sí, señores. Al fondo, a la derecha.

A: ¿Me puede traer la carta, por favor?
Ca: En seguida, señor. ¿Qué desea para beber?
A: Una caña, por favor.
Ca: ¿Qué va a tomar de primero?
A: Un gazpacho y de segundo chuletas de cordero con patatas
   fritas y ensalada mixta.
Ca: ¿Y de postre?
A: Un flan, por favor.

A: Camarero, tráigame la cuenta, por favor.

Ca: ¿Qué desean, señores?
B: ¿Qué nos recomienda?
Ca: Si les gusta el pescado, les recomiendo lenguado o merluza.
B: Muy bien, a mí tráigame merluza a la romana.
C: Yo prefiero lenguado.
Ca: ¿Desean una ensalada?
B: Sí, por favor, una ensalada andaluza.
Ca: ¿Y de postre?
B: Yo quisiera un helado.
C: Y yo fruta del tiempo.
Ca: ¿Y para beber?
C: Una botella de vino blanco del país.

C: ¡Que aproveche!
B: ¡Gracias, igualmente!
C: ¡Qué buena está la comida!
B: Sí, está muy rica.

C: ¡A tu salud!
B: ¡A la tuya!

B: Camarero, ¿nos podría traer la cuenta?
Ca: Sí, señor, se la traigo enseguida.
B: ¿Puedo pagar con esta tarjeta de crédito?
Ca: ¡Sí, señor!

Español Actual – Lehrbuch 1 © FELDHAUS VERLAG, Hamburg

A: La paella está muy buena. Pruébala.

B: Es que ya no puedo más.

A: ¿Quieres más vino?

B: Sí, un poco, por favor.

A: ¿Quieres un cigarrillo?

B: No, no fumo.

A: ¿Pedimos otra botella de vino?

B: Sí, es una buena idea.

A: Camarero, otra botella de vino y tráiganos la cuenta, por favor.

B: Hoy te invito yo.

A: No, ni hablar. Hoy pago yo.

En la barra

A: ¡Oiga, por favor!
   ¿Me puede poner un cortado?

B: En seguida, señor.

A: ¿Cuánto es?

B: Son 50 céntimos.

A: ¡Oiga, por favor! ¿Dónde están los servicios?

B: Al fondo, a la izquierda.

A: ¿Puedo llamar por teléfono?

B: Sí, claro. Al lado de los servicios hay un teléfono.

A: ¿Me puede cambiar 5 euros en monedas?

B: Por supuesto, señor. ¿Quiere monedas de 20 ó de 50 céntimos?

A: De 20 céntimos, por favor.

B: Tenga.

16

Carta de Comidas y Bebidas

Sopas y ensaladas

sopa de mariscos
sopa de verdura
gazpacho
ensalada de lechuga
ensalada de tomate
ensalada andaluza

Suppen und Salate

Suppe von Meeresfrüchten
Gemüsesuppe
kalte Gemüsesuppe
Kopfsalat
Tomatensalat
gemischter Salat mit Thunfisch

Huevos

huevos fritos con jamón
tortilla española
tortilla francesa

Eier

Spiegeleier mit Schinken
spanisches Omelett mit Kartoffeln
einfaches Omelett

Legumbres

espárragos
judías verdes
zanahorias
patatas

Gemüse

Spargel
grüne Bohnen
Karotten
Kartoffeln

Pescados y mariscos

lenguado
merluza
atún
calamares
mejillones
gambas

Fisch und Meeresfrüchte

Seezunge
Seehecht
Thunfisch
Tintenfische
Miesmuscheln
Krabben / Garnelen

Carne

chuleta de cerdo
filete de ternera
solomillo de vaca
cordero asado
pollo

Fleisch

Schweinekotelett
Kalbsschnitzel
Rinderfilet
Lammbraten
Hähnchen

Español Actual – Lehrbuch 1 © FELDHAUS VERLAG, Hamburg

Postres

flan de huevo
fruta del tiempo
helados variados
queso manchego

Bebidas

agua mineral con gas
agua mineral sin gas
botellín de cerveza
caña
vino blanco/tinto
jerez (dulce/seco)
café con leche
café solo
cortado
té

Nachtisch

Eierpudding
Obst nach Jahreszeit
gemischtes Eis
Käse (aus "La Mancha")

Getränke

Mineralwasser mit Kohlensäure
Mineralwasser ohne Kohlensäure
eine Flasche Bier
Bier vom Fass
Weißwein/Rotwein
Sherry (süß/trocken)
Kaffee mit Milch
Kaffee schwarz
Kaffee mit wenig Milch
Tee

Chistes

– ¿Cómo ha encontrado el filete el señor?
– Con dificultad. Escondido debajo de una patata.

– ¡Camarero, esto es intolerable! Hace más de una hora que he
  pedido una sopa y todavía no me la han traído.
– Paciencia, caballero – responde el camarero.
  Tenga usted en cuenta que se trata de una sopa de tortuga.

El dueño de un restaurante muy elegante dice a un camarero:
– ¿Ve usted a aquel señor que se ha puesto la servilleta alrededor del
  cuello? Pues vaya a hablar con él y dígale, educadamente y con cierto
  tacto, que éste es un respetable restaurante y no su casa.
El camarero se acerca al cliente y le dice:
– Perdone, señor, ¿corte de pelo o afeitado?

Un señor se acerca al jefe de estación de un pueblo pequeño y le dice:
– Le felicito.
– ¿Por qué me felicita usted?
– Pues porque por primera vez desde hace veinte años el tren llega hoy puntual.
– ¡Ah! Entonces no necesita felicitarme. Este es el tren que debería haber llegado hace tres horas.

El dueño de una casa escribe una carta a uno de sus inquilinos:
"Le recuerdo, señor Gómez, que hace un año que no me paga el alquiler del piso".
El señor Gómez contesta:
"Le invito a tomar una copa para celebrar el aniversario".

– Toma, Alberto, una carta para ti.
   ¿Quién te escribe?
– Mi hermano.
– Pero el papel está en blanco.
– Sí, es que hace tiempo que no nos hablamos.

Gramática

Die Präpositionen **vor** und **seit**

vor + Zeitpunkt – antes de

Los domingos nunca me levanto antes de las diez.	Sonntags stehe ich nie vor 10 Uhr auf.
No fumo nunca antes de la comida.	Ich rauche nie vor dem Essen.

vor + Zeitraum – hace

¿Cuándo has llegado?	Wann bist du angekommen?
Hace tres horas/dos días/un mes.	Vor 3 Stunden/2 Tagen/1 Monat.

vor + Ort – delante de

Te espero delante del hotel.	Ich warte auf dich vor dem Hotel.

seit + Zeitpunkt – desde

¿Desde cuándo estás aquí?	Seit wann bist du hier?
Desde las cinco./Desde ayer.	Seit 5 Uhr./Seit gestern.

seit + Zeitraum – desde hace
              hace ... que
              llevar + gerundio

¿Cuánto tiempo hace que estudias español?	Wie lange ist es her, dass du Spanisch lernst?
Hace un año que estudio español.	Ich lerne Spanisch seit einem Jahr.
Estudio español desde hace un año.	Ich lerne Spanisch seit einem Jahr.
Llevo un año estudiando español.	Ich lerne Spanisch seit einem Jahr.

seit + Verb – desde que + Verbo

Desde que estudio español, ...	Seit ich Spanisch lerne, ...

Español Actual – Lehrbuch 1 © FELDHAUS VERLAG, Hamburg

Beachte auch die folgenden Übersetzungen:

neulich	hace poco, hace poco tiempo, el otro día
damals	en aquel tiempo
seit damals	desde aquel tiempo, desde entonces
vor einiger Zeit	hace algún tiempo
vor langer Zeit	hace mucho tiempo
seit langer Zeit	desde hace mucho tiempo
Es ist lange her, dass ...	Hace tiempo que ...
schon (seit) immer	desde siempre
von hier	desde aquí
von weitem	desde lejos
von nun an	desde ahora en adelante, a partir de ahora

Redewendungen mit **estar**

estar rico, -a	gut schmecken
estar contento, -a / alegre	zufrieden / fröhlich sein (heute, zurzeit)
estar medio muerto, -a	kaputt / erschöpft sein
estar de vacaciones	in Urlaub sein
estar de viaje	verreist sein
estar enamorado, -a	verliebt sein
estar de buen / mal humor	gut / schlecht gelaunt sein
estar de buen ver	noch gut aussehen
estar orgulloso, -a de	stolz auf jemanden sein

Redewendungen mit **ser**

ser rico, -a	reich sein
ser alegre	fröhlich sein (immer)
ser feliz	glücklich sein
ser desgraciado, -a	unglücklich sein
ser orgulloso, -a	stolz sein (von Charakter)

17 De tiendas

Diálogo 1

A: Buenos días.

B: ¿En qué puedo servirle?

A: Desearía un vestido de noche.

B: ¿De qué color?

A: Negro

B: ¿Qué talla tiene Ud.?

A: La 42.

B: ¿Le gusta éste?

A: ¿Me lo puedo probar?

B: Sí, por supuesto.

B: ¿Le sienta bien?

A: No, me queda un poco estrecho,
   además este modelo no me gusta mucho.
   ¿Tiene otro modelo?

B: Aquí tiene otro modelo en la talla 44.

A: Este vestido me sienta maravillosamente.

Diálogo 2

A: Buenas tardes.

B: ¿Qué desea, por favor?

A: ¿Tiene minifaldas de piel?

B: Sí, claro. Tenemos todos los
   modelos de última moda.
   ¿Qué talla necesita?

A: La 40.

B: ¿De qué color la quiere?

A: Pues.., blanca o roja.

B: ¿Le gusta ésta?

A: No está mal. ¿Me la puedo probar?

B: Naturalmente.

B: ¿Le gusta?

A: No mucho. ¿Tiene otra falda un poco más
   corta?

B: Sí, tengo otro modelo más corto,
   pero sólo queda en negro. Es la que está
   en el escaparate. ¿La ha visto?

A: Sí, no está mal. ¿Me la puede traer?

B: Sí, un momentito.

A: Ésta me queda muy bien. ¿Cuánto cuesta?

B: 60 euros.

A: ¡Vale! Me la llevo.

Español Actual – Lehrbuch 1 © FELDHAUS VERLAG, Hamburg

Diálogo 3

Un matrimonio entra con sus dos hijos en una tienda para comprar unos pantalones al mayor.
– ¿Los atienden ya, señores?
– No, queremos unos vaqueros para el niño.
El dependiente les enseña unos y el niño se los prueba.
– ¿Te gustan? – le pregunta el padre.
– Sí, papá.
– ¿Y a ti, Matilde?
– Sí, le sientan muy bien.
Entonces el hermano pequeño dice bastante enfadado:
– ¿Por qué nadie me pregunta si me gustan a mí?
  Después de todo, el año que viene tendré que usarlos yo.

17

Chistes

Hace tres meses que no te vemos, ¿qué ha pasado?
– Que me he casado.
– ¿En serio?
– ¿Es que se puede casar uno en broma?

Español Actual – Lehrbuch 1 © FELDHAUS VERLAG, Hamburg

– Me han recomendado este hotel. ¿Tienen ustedes un buen servicio?
– Señora, aquí se encontrará usted como en su casa.
– Entonces me voy.

Übersetzung des Wortes **man**

1. Durch **se + Verb** in der 3. Person **Singular** oder **Plural**.

Se habla español.	Man spricht Spanisch.
En España se hablan 4 idiomas.	In Spanien spricht man 4 Sprachen.

2. Durch **uno** bzw. **una**, wenn das Verb **reflexiv** ist oder wenn der **Sprecher sich einschließt**.

Uno/una se levanta tarde los domingos.	Sonntags steht man spät auf.
Uno/una no puede saberlo todo.	
No se puede saber todo.	Man kann nicht alles wissen.

3. Durch das Verb in der **dritten Person des Plurals,** wenn der Urheber ein Kollektiv ist (die Leute, die Menschen, die Nachbarn).

Dicen que va a llover.	Man sagt, dass es regnen wird.
Me han dicho que ...	Man hat mir gesagt, dass ...
Me dijeron que ...	Man sagte mir, dass ...
Nos han atendido muy bien.	Man hat uns sehr gut bedient.
¿Te han recomendado este hotel?	Hat man dir dieses Hotel empfohlen?
Lo han visto con otra.	Man hat ihn mit einer anderen gesehen.

Bitte beachten:

Wenn im Satz noch ein Personalpronomen wie: **me**, **te**, **le**, **lo**, **la**, **nos**, **os**, **las** oder **los** steht, kann man nur diese Konstruktion, mit dem Verb in der **dritten Person des Plurals**, verwenden.

4. Durch das unpersönliche **hay que** – man muss.

Hay que estudiar más.	Man muss mehr lernen.

SE HABLAN
TODOS
LOS
IDIOMAS
POR
SEÑAS.

Übersetzungsmöglichkeiten von **otro**

otro, -a, -os, -as, – ein anderer, ein weiterer, noch ein

otro kann im Spanischen mit dem bestimmten Artikel verbunden werden,
aber nicht mit dem unbestimmten Artikel.

otro café	noch einen Kaffee
otro señor	ein anderer Herr
otra vez	ein anderes Mal, noch einmal, schon wieder
Eso es otra cosa.	Das ist etwas anderes.
en otros tiempos	in anderen (früheren) Zeiten
de un lado a otro	hin und her
otros detalles	weitere Einzelheiten / Details
en otro lugar	anderswo

Bitte beachten:

el otro día	neulich
otro día	ein anderes Mal, an einem anderen Tag

17

Gramática

Übersetzungsmöglichkeiten von **quedar(se)**

quedar – übrig bleiben, noch vorhanden sein

¿Queda una habitación libre?	Gibt es noch ein freies Zimmer?
Ya no quedan entradas.	Es sind keine Eintrittskarten mehr übrig.
No queda otro/más remedio.	Es bleibt nichts anderes übrig.
No queda otra/más solución.	Es gibt keine andere Lösung.

quedar – sitzen, passen, stehen (Kleidung)

El vestido me queda bien.	Das Kleid steht mir gut.
Los zapatos me quedan grandes.	Die Schuhe sind mir zu groß.
Los pantalones me quedan estrechos/anchos.	Die Hose ist mir zu eng/zu weit.
La falda me queda corta/larga.	Der Rock ist mir zu kurz/lang.
Este modelo te queda mejor.	Dieses Modell steht dir besser.

quedarse (con) – behalten, nehmen (Kauf von Kleidung)

Quédese con la vuelta.	Behalten Sie das Wechselgeld.
Me quedo con estos pantalones.	Diese Hose nehme (kaufe) ich.

quedar – verbleiben, ausmachen, sich verabreden, sich treffen

¿En qué habéis quedado?	Wie seid ihr verblieben?
Hemos quedado mañana a las siete.	Wir haben ausgemacht, uns morgen um sieben Uhr zu treffen.
No hemos quedado en nada.	Wir haben nichts ausgemacht.
¿Quedamos a las ocho?	Wollen wir uns um acht Uhr treffen?

quedarse – bleiben

Este verano me quedo en Valencia.	Diesen Sommer bleibe ich in Valencia.
Hoy me he quedado en casa todo el día.	Heute bin ich den ganzen Tag zu Hause geblieben.

Español Actual – Lehrbuch 1 © FELDHAUS VERLAG, Hamburg

18

¡Dígame!

Juan: ¡Dígame!
Dolores: ¿Se puede poner Sara?
Juan: Creo que has marcado mal. Aquí no vive Sara.
           ¿Qué número has marcado?
Dolores: El 58 47 90.
Juan: Mi número es el 57 47 90. Te has equivocado.
Dolores: Lo siento mucho.
Juan: No te preocupes. Eso le puede pasar a cualquiera.
Dolores: Gracias y perdona por la molestia.
Juan: De verdad que no importa. Adiós.

Juan: ¡Dígame!
Pilar: ¡Hola, Juan! Soy Pilar. ¿Cómo estás?
Juan: Bien gracias, ¿y tú?
Pilar: Bien, gracias. ¿Tienes algún plan para esta tarde?
Juan: No, de momento no tengo ninguno. ¿Y tú?
Pilar: A mí me gustaría ir a bailar a algún sitio.
Juan: ¿A una discoteca?
Pilar: No, preferiría ir a alguna fiesta. En estas fechas
       hay muchas fiestas en los pueblos de los alrededores.
Juan: A mí me gustaría más ir a cenar a algún restaurante.
Pilar: Bueno, podemos ir primero a cenar y luego a bailar.
       ¿O tienes alguna idea mejor?
Juan: No, no tengo ninguna idea mejor, pero sólo
       vamos a bailar si deja de llover.
Pilar: De acuerdo. ¿Quedamos a las siete
       en tu casa?
Juan: Sí, me parece bien.
       Hasta las siete.

Juan: ¿Sí?

Pedro: ¡Hola, Juan! Soy Pedro. El sábado hacemos una fiesta en la Facultad y Mario me ha dicho que tú tienes muy buenos discos. ¿Nos puedes dejar algunos?

Juan: Nunca dejo ningún disco a nadie, pero si quieres podemos grabar algunos. ¿Tienes algo que hacer mañana?

Pedro: No, no tengo nada que hacer.

Juan: ¿Hay alguien mañana a las cuatro en tu casa?

Pedro: No, no hay nadie.

Juan: Estupendo. Entonces puedes venir primero a mi casa, cogemos algunos discos y después vamos a tu casa para grabarlos. Mis padres tienen mañana visita, por eso es mejor si vamos a tu casa. ¿Te parece bien?

Pedro: Me parece estupendo.

Juan: Bueno, entonces hasta mañana. Ahora tengo que irme porque he quedado con Pilar y llego tarde.

Pedro: Hasta mañana, Juan.

Juan: ¡Hola, Pilar! ¡Qué guapa estás! ¿Qué te has hecho en el pelo?

Pilar: He estado esta mañana en la peluquería y me lo he cortado un poco.

Juan: ¿Te has hecho una permanente?

Pilar: Sí. ¿Te gusta?

Juan: Sí, te queda muy bien.

Pilar: Muchas gracias.

Juan: No es un cumplido. Es la verdad. Bueno, vámonos. Tengo mucha hambre. ¿Tienes un cigarrillo?

Pilar: No, he dejado de fumar.

Juan: ¿Desde cuándo no fumas?

Pilar: Desde hace cinco días.

Dos amigos se encuentran en la calle y uno dice:
– ¡Hola, Joaquín! ¿Puedes dejarme 10 euros?
– Lo siento – contesta el otro –, pero sólo tengo 6 euros.
– Es igual, dámelos y me debes 4 euros.

Español Actual – Lehrbuch 1 © FELDHAUS VERLAG, Hamburg

Indefinitpronomen (unbestimmtes Fürwort)   **El pronombre indefinido**

1. **algo** – etwas, **nada** – nichts

¿Desea algo?	Möchten Sie etwas?
No quiero **nada**.	Ich möchte nichts.
Se ha ido **sin** decir **nada**.	Er/sie ist weggegangen, ohne etwas zu sagen.
No tengo **nada** que decir.	Ich habe nichts zu sagen.

Nada steht meistens nach dem Verb mit vorangehender Negation **no**.

2. **alguien** – jemand, **nadie** – niemand, keiner

Alguien und **nadie** werden nur für Personen verwendet. Beide können nur im Singular feminin/maskulin verwendet werden.
Wenn **nadie** hinter dem Verb steht, muss **no** vor dem Verb stehen.

¿Ha llamado alguien?	Hat jemand angerufen?
No, **no** ha llamado **nadie**.	Nein, es hat niemand angerufen.
No, **nadie** ha llamado.	Nein, es hat niemand angerufen.

3. **alguno, alguna (de)** – jemand (von), irgendjemand, irgendeiner, irgendwelche

algunos, algunas   – einige, ein paar
ninguno, ninguna (de) – niemand (von), keiner

Alguno, **ninguno** werden sowohl für Dinge als auch für Personen gebraucht. Vor männlichen Substantiven im Singular verlieren sie die Endung **-o** (**algún, ningún**). **Ninguno** wird nicht im Plural verwendet.

algún día	an irgendeinem Tag, irgendwann
algunos días	einige Tage
alguna mujer	irgendeine Frau
ningún día	an keinem Tag
ninguno de nosotros	keiner von uns
en ninguna parte	nirgends, nirgendwo
No tengo **ningún** disco.	Ich habe keine CD.
No tengo **ninguno**.	Ich habe keine.

Bitte beachten:

Verneinte Sätze kann man auch mit **alguno hinter dem Substantiv** bilden.

No tengo **ninguna** esperanza.	Ich habe keine Hoffnung.
No tengo esperanza **alguna**.	Ich habe keine Hoffnung.

Besondere Übersetzungen von **jemand**:

jemand anderes	otra persona (auch: otro)
Ich kenne einen gewissen jemand ...	Conozco a cierta persona ...
Weder du noch sonst jemand ...	Ni tú ni nadie ...
Ich sage es weder dir noch sonst jemandem.	No te lo digo, ni a ti ni a nadie.

Doppelte Verneinung

ni (siquiera)	– nicht einmal
no ... ni/ni ... ni	– weder ... noch

Ni (**siquiera**) él lo sabe.	Nicht einmal er weiß das.
No lo sabe **ni** (**siquiera**) él.	Nicht einmal er weiß das.
(**No** tengo) **ni** idea.	(Ich habe) keine Ahnung.
No ha venido **ni** ha llamado por teléfono.	Er ist weder gekommen, noch hat er angerufen.
Ni ha venido **ni** ha llamado por teléfono.	Er ist weder gekommen, noch hat er angerufen.

Beachte auch:

No dejo **ningún** disco **a nadie.**	Ich leihe niemandem eine CD.
No pregunto **nunca nada a nadie**.	Ich frage nie jemanden etwas.
Se ha ido **sin** decir **nada**.	Er ist weggegangen, ohne etwas zu sagen.
Lo ha hecho **sin** preguntar **a nadie**.	Er hat es gemacht, ohne jemanden zu fragen.

Expresiones:

¡Ni pensarlo!	Nicht im Traum!
¡Ni mucho menos!	Selbstverständlich nicht!
Ni yo tampoco.	Ich auch nicht.

Übersetzungsmöglichkeiten von **dejar**

1. dejar – lassen; weglassen; stehen, liegen, beiseite lassen

¿Me deja pasar?	Lassen Sie mich vorbei?
Deja el libro en la mesa.	Lass das Buch auf dem Tisch liegen.
Mis padres no me dejan salir hoy.	Meine Eltern lassen mich heute nicht ausgehen.

2. dejar / prestar – (aus)leihen

¿Me dejas diez euros?	Kannst du mir 10 Euro leihen?

3. dejar de + Infinitiv – aufhören zu, unterlassen

He dejado de fumar.	Ich habe aufgehört zu rauchen.
¿Puede dejar de hacer eso?	Können Sie das bitte unterlassen?

4. no dejar de + Infinitiv – nicht aufhören zu

No deja de llover.	Es hört nicht auf zu regnen.

5. dejar – verlassen, im Stich lassen

Me ha dejado mi novia.	Meine Freundin hat mich verlassen.

6. dejar – verschieben, vertagen

Lo podemos dejar para otro día.	Wir können es auf einen anderen Tag verschieben.

18 Gramática

Bitte beachten:

1. **Etwas machen lassen** wird **nicht** mit dejar übersetzt.

Ich habe mir die Haare schneiden lassen.	Me he cortado el pelo.
Ich habe mir einen Anzug machen lassen.	Me he hecho un traje.

2. **Lasst uns (wollen wir) ...** wird mit **vamos a + Infinitiv** oder mit **Imperativ, 1. Pers. Plural** übersetzt.

Lasst uns gehen.	Vámonos / vamos.
Lasst uns anfangen.	Vamos a empezar.

3. **Lassen** bleibt oft unübersetzt.

Ich habe mir sagen lassen ...	Me han dicho ...
Mein Vater lässt dich herzlich grüßen.	Mi padre te saluda cordialmente.

Expresiones

¡Deja!	Lass (mal)!
¡Déjame en paz / tranquilo!	Lass mich in Ruhe!
¡Déjate de bromas!	Lass die Späße beiseite!
¡Déjate de tonterías!	Hör auf mit dem Unsinn!
¡Dejémoslo así!	Lassen wir es dabei. / Lassen wir es gut sein.
Esto deja mucho que desear.	Das lässt viel zu wünschen übrig.

Refrán

No dejes para mañana lo que puedas hacer hoy.	Was du heute kannst besorgen, das verschiebe nicht auf morgen.

Juan viaja a Santander

En una agencia de viajes

Juan:	¿Podría decirme qué trenes salen mañana para Santander?
Empleado:	Hay un Talgo a las once de la mañana y un Expreso que sale a las nueve de la noche.
Juan:	¿A qué hora llegan a Santander?
Empleado:	El Talgo llega a las seis de la tarde y el Expreso a las siete de la mañana.
Juan:	¿Y no hay ninguno por la noche, después de las nueve?
Empleado:	Solamente el Correo, pero para en todas las estaciones.
Juan:	Bueno, entonces tomaré el Expreso. ¿Lleva literas?
Empleado:	Sí, pero para mañana no queda ninguna litera.
Juan:	Entonces, déme dos billetes de primera clase.
Empleado:	¿Solamente ida?
Juan:	No, ida y vuelta.
Empleado:	¿Desea Ud. reserva de asiento?
Juan:	¿Cree Ud. que es necesario?
Empleado:	Sí, es mejor. En esta época del año viaja mucha gente.
Juan:	Está bien. Entonces con reserva.
Empleado:	¿Para cuándo quiere la vuelta?
Juan:	Para el 8 de julio.
Empleado:	Aquí tiene sus billetes. Son 70 euros.
Juan:	Muchas gracias.

En la estación

Juan: Oiga, por favor, ¿de qué andén sale el tren para Santander?
Señor: Debe de salir del andén número doce, pero todavía no ha llegado.
Juan: Muchas gracias.
Señor: De nada.

En el tren

Juan: Perdone, señor, este asiento es mío.
Señor 1: ¿Tiene Ud. reserva?
Juan: Sí, aquí la tengo.
Señor 1: Debe de haber un error porque yo tengo el mismo asiento reservado.
           Si quiere, puede sentarse aquí a la derecha, este asiento está libre.
Juan: Muchas gracias. ¿Le molesta si fumo?
Señor 1: No, en absoluto. Por mí puede fumar.
Señor 2: Disculpe, pero este compartimento es para no fumadores.
           ¿Podría Ud. fumar en el pasillo?
Juan: Claro que sí, usted perdone.

Señor 1: ¿Sabe Ud. a qué hora llega el tren a Santander?
Señor 2: Creo que el tren lleva una hora de retraso. Llegaremos sobre las ocho.
Señor 1: ¿Qué hora es?
Señor 2: Deben de ser las cinco.

En Santander

Juan llega por fin a Santander. En la estación están esperándole su amigo Luis y una chica muy guapa.

Luis: ¡Hola, Juan! ¿Cómo estás?
Juan: Muy bien, gracias, ¿y tú?
Luis: Bien, gracias. Mira, Juan, te quiero presentar a mi novia Rosalía.
Juan: Mucho gusto.
Rosalía: Encantada. Luis me ha hablado mucho de ti. Me alegro mucho de conocerte.
Luis: ¿Qué tal el viaje? ¿Has podido dormir?
Juan: Sí, he podido dormir un poco.
Luis: Estupendo. Entonces, si te parece bien, podemos ir a la playa después de dejar las maletas en casa.
Juan: Me parece estupendo. Tengo muchas ganas de ir a la playa.

Gramática

Übersetzungsmöglichkeiten von **deber (de) / deberse**

1. **deber + infinitivo – müssen, sollen, dürfen**

Debe tener razón.	Er muss Recht haben.
No debes hacerlo.	Das sollst du nicht tun.
Los niños no deben fumar.	Die Kinder dürfen nicht rauchen.

2. **deber de + infinitivo – (eigentlich) müssen, sollen (Möglichkeit, Vermutung)**

Debe de ser así.	Es muss (eigentlich) so sein.
Deben de ser las siete.	Es muss wohl sieben Uhr sein.
Debe de estar enfermo.	Er muss wohl krank sein.

In der Umgangssprache wird **de** häufig weggelassen, was aber als nicht korrekt gilt.

3. **deber – schulden**

Me debes 10 euros.	Du schuldest mir 10 Euro.
Le debo una carta / una visita.	Ich bin ihm eine/n Antwort / Besuch schuldig.
Le debes una explicación.	Du bist ihm eine Erklärung schuldig.
¿Qué le debo?	Was bin ich Ihnen schuldig?

4. **deber – sollen (Vorschlag)**

Deberías estudiar más.	Du solltest mehr lernen.

5. **deberse a – zurückzuführen sein, zuzuschreiben sein**

¿A qué se debe esto?	Worauf ist das zurückzuführen?
Esto se debe a tu falta de interés.	Das ist auf dein mangelndes Interesse zurückzuführen.

Bitte beachten:

1. **Sollen** bleibt unübersetzt in indirekten Fragesätzen, die von dem Verb „wissen" abhängen.

No sé qué hacer.	Ich weiß nicht, was ich machen soll.
No sé qué decirte.	Ich weiß nicht, was ich dir sagen soll.
¿Cómo lo voy a saber yo?	Woher soll ich das wissen?

2. **Sollen** bleibt auch unübersetzt in Bedingungssätzen.

Si alguien pregunta por mí ...	Sollte jemand nach mir fragen ...

3. **Sollen** wird auch nicht übersetzt (oder mit querer + Konjunktiv übersetzt), wenn man nach dem Wunsch oder Willen jemandes anderen fragt.

¿Te ayudo?	Soll ich dir helfen?
¿Lo hago?	Soll ich das machen?

Expresiones:

como es debido	wie es sich gehört
debido a	wegen, dank
debido a que	infolge davon, dass
a su debido tiempo	zur rechten Zeit
en buena y debida forma	ordnungsgemäß

¡Vivir para ver!

Un matrimonio va discutiendo por la calle:
– ¡En mi casa mando yo! ¿Comprendes? – dice la mujer.
– Entonces es que yo no existo, ¿no? ¿Es que no cuento
  para nada? – contesta enfadado el marido.
– ¡Tú lo has dicho! Tú no cuentas para nada y te lo puedo
  demostrar ahora mismo.
– ¡Esto es el colmo! ¡A ver, demuéstramelo! – dice el marido.

La mujer llama a un taxi y pregunta al taxista:
– Por favor, ¿cuánto costaría llevarme desde aquí hasta la
  Puerta del Sol?
– Unos 5 euros. – contesta el taxista.
– ¿Y si me acompaña mi marido?
– Lo mismo – responde, sorprendido, el taxista.

La mujer mira triunfante a su marido y le dice:
– ¿Lo has visto? Tú no cuentas para nada.

Un borracho saca una cerilla para encender un cigarrillo, pero no enciende.
Saca una tras otra y ninguna enciende.
Finalmente, una de ellas enciende; la apaga y dice:
– ¡Hip ... hip ... ésta la guardo, es de las buenas!

Dos escoceses están en la playa y uno dice al otro:
– Te apuesto 10 euros a que puedo estar más tiempo debajo del agua que tú.
– ¡Vale! – dice el otro.
La policía todavía no ha encontrado los cadáveres.

- YO TOMO UNAS PASTILLAS PARA LA MEMORIA QUE SE LAS RECOMIENDO.
- ¿CÓMO SE LLAMAN?
- PUES NO ME ACUERDO. PERO SON BUENÍSIMAS.

20

A un condenado a muerte le preguntan unos minutos antes
de la condena:
– ¿Desea Ud. alguna cosa antes de morir? ¿Un cigarrillo?
¿O prefiere un vaso de whisky?
– No, gracias.
– Mire, es habitual cumplir el último deseo de los condenados
a muerte.
– ¡Ah!, entonces deseo aprender chino.

Español Actual – Lehrbuch 1 © FELDHAUS VERLAG, Hamburg

Tres señoras muy elegantes están hablando de lo que les gustaría haber hecho en la vida:
– A mí me gustaría haber inventado la televisión – dice una de ellas. El 70 % de la gente la ve.
– Pues a mí me gustaría haber inventado el teléfono – dice otra. El 80 % tiene teléfono.
– Pues a mí – dice la tercera – me gustaría haber inventado el papel higiénico ...

Gruppenverben Verbos con irregularidades vocálicas

Gruppenverben sind Verben, die im Präsens die gleichen Unregelmäßigkeiten aufweisen.

1. Verben, bei denen das **e** des Stammes, wenn es betont ist, zu **ie** wird (**e → ie**)

pensar denken, vorhaben	**entender** verstehen	**sentir** fühlen, bedauern
Präsens	Präsens	Präsens
p**ie**nso	ent**ie**ndo	s**ie**nto
p**ie**nsas	ent**ie**ndes	s**ie**ntes
p**ie**nsa	ent**ie**nde	s**ie**nte
pensamos	entendemos	sentimos
pensáis	entendéis	sentís
p**ie**nsan	ent**ie**nden	s**ie**nten

Wichtige Verben dieser Gruppe sind :

empezar (a)	anfangen
comenzar (a)	anfangen
recomendar	empfehlen
cerrar	schließen
sentarse	sich setzen
nevar	schneien
despertar(se)	wecken (aufwachen)
confesar	gestehen, zugeben
atender (a)	beachten, bedienen
encender	einschalten, anzünden
querer	wollen
perder	verlieren, verpassen
preferir	vorziehen
divertirse	sich amüsieren
mentir	lügen

2. Verben, bei denen das **o** des Stammes – beim Verb jugar das **u** des Stammes –,
wenn es betont ist, zu **ue** wird (**o → ue**)

contar (er-)zählen	**volver** zurückkehren	**dormir** schlafen
Präsens	Präsens	Präsens
c**ue**nto	v**ue**lvo	d**ue**rmo
c**ue**ntas	v**ue**lves	d**ue**rmes
c**ue**nta	v**ue**lve	d**ue**rme
contamos	volvemos	dormimos
contáis	volvéis	dormís
c**ue**ntan	v**ue**lven	d**ue**rmen

Español Actual – Lehrbuch 1 © FELDHAUS VERLAG, Hamburg

Zu dieser Klasse gehören u. a. folgende Verben:

acostarse	ins Bett gehen
acordarse (de)	sich erinnern (an)
recordar	sich erinnern, jmd. an etwas erinnern
acordar	vereinbaren
apostar	wetten
encontrar(se)	finden, (sich) treffen
costar	kosten
probar	versuchen, probieren
demostrar	beweisen
mostrar	zeigen
rogar	bitten
jugar	spielen
doler	weh tun
devolver	zurückgeben
poder	können
soler + Inf.	pflegen zu + Infinitiv

3. Verben, bei denen das **e** des Stammes zu **i** wird, wenn die Endung nicht mit betontem **i** anfängt (**e → i**)

pedir bitten, bestellen	**corregir** verbessern	**seguir** folgen, weiter etwas tun
Präsens	Präsens	Präsens
pido	corrijo	sigo
pides	corriges	sigues
pide	corrige	sigue
pedimos	corregimos	seguimos
pedís	corregís	seguís
piden	corrigen	siguen

Folgende Verben gehören u.a. zu dieser Klasse:

impedir	(ver)hindern, vermeiden
vestir(se)	(sich) anziehen
despedir(se)	(sich) verabschieden
reírse (de)	lachen (über)
repetir	wiederholen
servir	dienen, servieren
conseguir	erreichen
elegir	(aus)wählen
perseguir	verfolgen

Gramática

Das Gerundium **El gerundio**

Infinitiv:	tomar	comer	escribir
Gerundium:	tom**ando**	com**iendo**	escrib**iendo**

1. Das Gerundium ist immer **unveränderlich**.

2. Unbetontes **i** zwischen zwei Vokalen wird zu **y**: leer – le**y**endo.

3. Personal- und Reflexivpronomen werden an das Gerundium **angehängt** oder stehen **vor** dem Hilfsverb.

Levantándo**se** dijo ...	Aufstehend sagte er ...
Estoy lavándo**me/me** estoy lavando.	Ich wasche mich gerade.

Unregelmäßiges Gerundium

a) Bei den Verben der 3. Konjugation (-ir), bei denen sich im Präsens das **e** des Stammes in **ie** oder **i** verwandelt, wird das Gerundium auch unregelmäßig gebildet, das **e** wird zu **i**.

preferir	pref**i**riendo	vorziehen
pedir	p**i**diendo	bitten, bestellen
repetir	rep**i**tiendo	wiederholen
vestir(se)	v**i**stiéndo(se)	(sich) anziehen

b) Bei den Verben **oír, caer** und bei denen, die auf **-uir** enden, wird das **i** zu **y**.

oír	o**y**endo	hören
caer	ca**y**endo	fallen (lassen)
construir	constru**y**endo	bauen

c) Bei folgenden Verben ist das Gerundium ebenfalls unregelmäßig:

venir	viniendo	kommen
decir	diciendo	sagen
ir	yendo	gehen, fahren
poder	pudiendo	können, dürfen
dormir	durmiendo	schlafen
morir	muriendo	sterben

Gebrauch des Gerundiums im Hauptsatz

1. **Estar, ir, venir, llevar + gerundio**
   drücken eine Handlung von einer gewissen Dauer aus, die sich gerade vollzieht
   (am gebräuchlichsten ist **estar + gerundio**).

Estoy comiendo.	Ich esse gerade.
Los Sres. García van discutiendo por la calle.	Herr und Frau García streiten sich auf der Straße (gehen streitend auf der Straße).
Llevo dos años viviendo aquí.	Ich wohne seit zwei Jahren hier.

2. **Seguir, continuar + gerundio** drücken die Fortsetzung einer Handlung aus.

¡Sigue leyendo!	Lies weiter!
¡Siga insistiendo!	Probieren (versuchen) Sie es weiter!
Continúo trabajando en la misma empresa.	Ich arbeite immer noch in derselben Firma.

Übersetzungsmöglichkeiten von **contar**

1. **contar – (ab)zählen, (be-, aus-)rechnen**

Ya he contado el dinero.	Ich habe das Geld schon abgezählt.
No sabe ni contar.	Er kann nicht mal rechnen.
No hemos contado los gastos.	Wir haben die Ausgaben (Kosten) nicht berechnet.

2. **contar – erzählen, sagen**

Cuéntame lo que ha pasado.	Erzähl mir, was passiert ist.
Me han contado/dicho ...	Man hat mir erzählt ...
¡A quién se lo viene/va a contar!	Wem erzählen Sie das!

3. **contar con alguien/algo – mit jemandem/etwas rechnen, zählen auf**

Cuento con tu ayuda.	Ich rechne mit deiner Hilfe.
Contamos contigo.	Wir rechnen mit dir.

Expresiones

¿Es que yo no cuento para nada?	Soll das heißen, dass ich gar nichts zähle?
No me vengas con cuentos.	Erzähl mir keine Märchen.
No me cuentes historias.	Erzähl mir keine Geschichten.
¿Qué te cuentas?	Wie geht es dir? (Was gibt's Neues?)
¡Qué me cuentas!	Na, so was! Ist das möglich? (Was erzählst du da?)

En casa de Juan y Teresa

Juan: ¿Todavía estás durmiendo? Hace una hora que ha sonado el despertador. ¡Venga, levántate ya y vístete!

Teresa: ¿Qué hora es?

Juan: Ya son casi las once.

Teresa: ¿Es tan tarde ya? Anda, sé bueno y prepárame el desayuno.

Juan: Bueno, pero date prisa. Marcos ha llamado por teléfono hace un rato y ha dicho que viene a buscarte a las doce. El avión sale a las tres y media y tenéis que estar dos horas antes en el aeropuerto.

Teresa: Juan, no sé qué ponerme. ¿Qué vestido me pongo?

Juan: Ponte el vestido azul. Te sienta muy bien.

Teresa: ¿Nos llevas al aeropuerto?

Juan: ¿No os lleva el hermano de Marcos?

Teresa: No, ha dicho que no tiene tiempo.

Juan: Bueno, entonces os llevo yo.

Teresa: Muchas gracias. No sé qué haría sin ti.

Español Actual – Lehrbuch 1 © FELDHAUS VERLAG, Hamburg

En el aeropuerto

Marcos:	¿Nos podría decir dónde tenemos que entregar el equipaje?
Información:	Enséñeme sus billetes, por favor.
	A ver, para el vuelo de Iberia 658 con destino a París
	tienen que facturar el equipaje en la ventanilla número cinco.
Marcos:	Muchísimas gracias.
Azafata:	Déme sus billetes, por favor, y pongan las maletas
	en la báscula.
Marcos:	¿A qué hora hay que embarcar?
Azafata:	Lo anunciarán por el altavoz dentro de unos minutos.
Altavoz:	¡Atención, por favor! Señores pasajeros del vuelo de
	Iberia 658 con destino a París pasen por el control de
	pasaportes y diríjanse a la puerta de embarque número doce.
Juan:	Bueno, yo me voy. Os deseo un buen viaje.
Teresa:	Adiós, Juan y muchas gracias por todo.

21

Chistes

– Querida, – dice el padre de Jaimito a su mujer – ¡despiértate!, ya debe de ser hora de levantarse; Jaimito se ha dormido por fin.

Profesor: A ver, Jaimito, dime dos pronombres.
Jaimito: ¿Quién, yo?
Profesor: Muy bien, siéntate.

– Estoy enamorada de Enrique.
– Pues cásate con él.
– Te he dicho que estoy enamorada. No loca.

La abuela de Jaimito le dice un día a Jaimito:
– Niño, toma estos veinte duros* y dale la mitad a tu hermana.
Jaimito toma el dinero y le da cinco duros a su hermanita.
La abuela, entonces, le dice:
– Pero, niño, ¿es que no sabes cuál es la mitad de veinte duros?
– Yo, sí, pero mi hermanita no.

* un duro = cinco pesetas

– ¿Tiene usted algo que declarar?

– No, nada.

– Abra la maleta y el bolso, por favor.
  ¿Qué contienen estas botellas?

– Agua de Lourdes.

– Pues yo diría que esto es coñac – dice el aduanero –,
  después de examinar el contenido de las botellas.

– ¡Se ha producido un milagro! ¡Se ha producido un milagro!

Der Imperativ (Befehlsform)   El imperativo

I. Regelmäßig bejahter Imperativ

	tomar	comer	escribir	lavarse
Singular				
2. Pers. (du – tú)	tom**a**	com**e**	escrib**e**	láva**te**
3. Pers. (Sie – Ud.)	tom**e**	com**a**	escrib**a**	láve**se**
Plural				
1. Pers. (wir – nosotros)	tom**emos**	com**amos**	escrib**amos**	lavémo**nos**
2. Pers. (ihr – vosotros)	tom**ad**	com**ed**	escrib**id**	lava**os**
3. Pers. (Sie – Uds.)	tom**en**	com**an**	escrib**an**	láve**nse**

II. Unregelmäßige Formen

	(tú)	(usted)
tener (haben)	ten	tenga
hacer (machen)	haz	haga
venir (kommen)	ven	venga
poner (stellen)	pon	ponga
salir (ausgehen)	sal	salga
ser (sein)	sé	sea
ir (gehen)	ve	vaya
decir (sagen)	di	diga

1. Der bejahte Imperativ der **2. Person Singular (Du-Form)** ist **identisch mit der 3. Person Singular Präsens Indikativ:**

toma	– er nimmt	come	– er isst	se viste	– er/sie zieht sich an
¡toma!	– nimm!	¡come!	– iss!	¡vístete!	– zieh dich an!

Die einzigen unregelmäßigen Formen sind oben unter II erfasst.

2. Der bejahte Imperativ der **2. Person Plural** (Ihr) wird **aus der Grundform** gebildet. Anstelle von **r** kommt **d**. Es gibt keine Ausnahme:

¡tomad! – nehmt!	¡comed! – esst!	¡id! – geht!

In **Lateinamerika** existieren diese vosotros-Formen nicht.
Die 2. Person Plural ist ebenfalls ustedes.

3. In der Umgangssprache werden die Formen **vayamos** und **vayámonos** von **ir** bzw. **irse** durch **vamos** bzw. **vámonos** ersetzt.

Vámonos / Vamos.	Lasst uns gehen. Los, gehen wir.

Bei den meisten anderen Verben wird die 1. Person Plural durch **vamos + Grundform** ersetzt.

Vamos a comer (anstatt **comamos**).	Wir wollen essen. Los, gehen wir essen.

4. Das Verb **estar** wird im Imperativ fast immer **reflexiv** gebraucht:

¡Estáte quieto!	Sei ruhig! / Bewege dich nicht!

5. Das **Reflexivpronomen** und die (verbundenen) **Personalpronomen** werden an die Formen des **bejahten Imperativs angehängt**. Gegebenenfalls ist, zur Beibehaltung der ursprünglichen Betonung, ein **Akzent** zu setzen.

Lee el libro.	Lies das Buch.
¡Lée**lo**!	Lies es!
Haz los ejercicios	Mach die Übungen!
¡Haz**los**!	Mach sie!
¡Levánte**se**!	Stehen Sie auf!

Bitte beachten:

Wenn in einem Satz zwei Pronomen stehen, kommt erst der **Dativ**, dann der **Akkusativ.**

Explícanos la gramática.	Erkläre uns die Grammatik.
Explíquenosla.	Erklären Sie sie uns.
Dame el libro.	Gib mir das Buch.
Dá**melo**.	Gib es mir.

Bei **reflexiven** Verben fällt in der **1. Person Plural** das **s** weg, und in der **2. Person Plural** das **d**.

sentemos + nos	⟶ **¡Sentémonos!**	Lasst uns setzen! Los, setzen wir uns!
levantad + os	⟶ **¡Levantaos!**	Steht auf!

Bitte beachten:

Bei zwei aufeinander folgenden Personalpronomen, die mit **l** beginnen, wird das erste der beiden (**le, les**) durch **se** ersetzt.

Explica la lección a María.	⟶	Explíca**sela**.

6. Besonderheiten

Beachten Sie die orthographischen Veränderungen:

dirigirse	diríjase
sacar	saque

¿Qué hiciste el fin de semana?

Marcos: ¿Qué hiciste el sábado? Te llamé tres veces, pero no contestó nadie.

Teresa: El sábado fui con mis padres a visitar a mis abuelos y el domingo estuve en casa de unos amigos. Celebramos el cumpleaños de Rosa. Conoces a Rosa, ¿no?

Marcos: Creo que no la conozco.

Teresa: ¿No te acuerdas de ella? Hace dos años celebramos la Nochevieja en su casa.

Marcos: ¡Ah, sí! Ahora me acuerdo. ¿Te lo pasaste bien?

Teresa: Sí, me lo pasé muy bien. La fiesta fue muy divertida. Y tú, ¿qué hiciste el fin de semana?

Marcos: El sábado me quedé en casa y no hice nada especial. El domingo me levanté temprano y me fui a la piscina. Por la tarde salí con unos amigos. Fuimos a cenar y después estuvimos en una discoteca.

Teresa: ¿Qué vas a hacer esta tarde? ¿Tienes ganas de salir un rato?

Marcos: No, ayer me acosté a las cuatro y hoy estoy medio muerto.

Teresa: Sí, tienes mala cara. Entonces te llamo mañana.

Marcos: Hasta mañana, Teresa.

Diálogo 1

A: ¿A qué hora te levantaste ayer?

B: Me levanté a las nueve.

A: ¿Qué desayunaste?

B: Ayer no desayuné. Estoy a dieta. Esta semana ya he adelgazado dos kilos.

A: ¿Y tampoco comiste?

B: Sí, comí en un restaurante.

A: ¿Qué comiste?

B: Comí cordero asado y ensalada.

A: ¿Qué hiciste por la tarde?

B: Por la tarde me fui de juerga con unos amigos.

A: ¿A qué hora te acostaste?

B: Me acosté a las tres de la madrugada.

Diálogo 2

A: ¿A qué hora se levantó usted ayer?

B: Me levanté a las diez.

A: ¿No trabajó usted ayer?

B: No, ayer me quedé en casa.

A: ¿Qué hizo usted todo el día?

B: Limpié la casa, lavé la ropa, preparé la comida y por la tarde vi la televisión.

A: ¿A qué hora se acostó?

B: Me acosté a las doce.

¿PEPE, ME LLEVAS HOY AL CINE?

PERO SI HACE POCO ESTUVIMOS EN EL CINE.

SÍ, CARIÑO, PERO AHORA EL CINE ES SONORO.

Español Actual – Lehrbuch 1 © FELDHAUS VERLAG, Hamburg

Pretérito indefinido (Vergangenheit)

1. Regelmäßige Verben

-ar	-er	-ir
tomar	**comer**	**escribir**
tomé	comí	escribí
tomaste	comiste	escribiste
tomó	comió	escribió
tomamos	comimos	escribimos
tomasteis	comisteis	escribisteis
tomaron	comieron	escribieron

2. Einige unregelmäßige Verben

estar	hacer	ir/ser
estuve	hice	fui
estuviste	hiciste	fuiste
estuvo	hizo	fue
estuvimos	hicimos	fuimos
estuvisteis	hicisteis	fuisteis
estuvieron	hicieron	fueron

Bitte beachten:

Das **-e** der 1. Person Singular und das **-o** der 3. Person Singular bei den **unregelmäßigen Verben** haben keinen Akzent und werden stammbetont.

Anwendung von Indefinido

Diese Zeit drückt eine **Handlung** aus, die zu einem bestimmten **Zeitpunkt** stattfand, oder in einem **abgeschlossenen Zeitraum** beendet worden ist. Dazu gehören einmalige oder aufeinander folgende Handlungen und Tätigkeiten, die sich nicht gewohnheitsmäßig wiederholen. Das **Ende der Handlung** muss im Satz ganz **deutlich zum Ausdruck** kommen, die Dauer spielt dabei keine Rolle. Daher gebraucht man diese Zeit mit Zeitangaben wie:

ayer	gestern
la semana pasada	letzte Woche
el año pasado	letztes Jahr
hace dos años	vor zwei Jahren
el otro día	neulich
hace poco	vor kurzer Zeit

Beispiele:

El domingo me levanté a las diez.	Am Sonntag stand ich um 10 Uhr auf.
Ayer estuve en el teatro.	Gestern war ich im Theater.
El otro día me encontré a Juan.	Neulich traf ich Juan.
El año pasado fui a España.	Letztes Jahr fuhr ich nach Spanien.

PAPÁ, ¿ TE CUENTO LO QUE PASÓ AYER CON TU COCHE O PREFIERES LEERLO EN EL PERIÓDICO?

Unterschied zwischen **Indefinido** und **Perfekt**

Das **Indefinido** bezeichnet eine **abgeschlossene Handlung in einer abgeschlossenen Vergangenheit** – Beginn und Ende der Handlung finden in der Vergangenheit statt. Mögliche Auswirkungen auf die Gegenwart werden außer acht gelassen. Daher gebraucht man diese Zeit mit Zeitangaben wie:

ayer, la semana pasada, el año pasado, hace un año, usw.

Das **Perfekt** bezeichnet eine Handlung, die zwar in der Vergangenheit begann, jedoch **selbst oder mit ihren Auswirkungen bis in die Gegenwart reicht.** Das Perfekt steht daher in Verbindung mit adverbialen Ausdrücken, die sich auf einen Zeitraum beziehen, der **noch nicht beendet ist**, wie:

hoy, esta semana, este mes, este año, este siglo

oder:

ya, todavía, en este momento, hasta ahora, siempre

Beispiele zu Indefinido/Perfekt:

¿Qué **hiciste** ayer?	Was machtest du gestern?
¿Qué **has hecho** hoy?	Was hast du heute gemacht?
La semana pasada **trabajé** mucho.	Letzte Woche arbeitete ich viel.
Esta semana no **he trabajado**.	Diese Woche habe ich nicht gearbeitet.
Anoche **fumé** muchísimo.	Gestern abend rauchte ich sehr viel.
Siempre **he fumado** mucho.	Ich habe immer viel geraucht.
El domingo **comí** en casa de Juan.	Am Sonntag aß ich bei Juan.
Ya **hemos comido**.	Wir haben schon gegessen.

Bitte beachten:

Im modernen Spanisch besteht **ein klarer Unterschied** zwischen Perfekt und Indefinido, sowohl in der literarischen Sprache als auch in der Umgangssprache. Ausnahmen gibt es in **Galicien** und **Asturien** und in **einigen Gebieten in Lateinamerika**.

Diálogo 1

A: ¿Cuándo has vuelto de tu viaje a Andalucía?

B: Llegué ayer.

A: ¿Estuviste en Granada?

B: Claro. Pasé tres días allí. Visité la Alhambra, el Generalife y el Sacromonte. Me gustó todo mucho. También estuve en Ronda, Sevilla, Jerez de la Frontera y en algunos pueblos de la famosa ruta de los Pueblos Blancos.

A: ¿Estuviste en Córdoba también?

B: No, no pude ir, no tuve tiempo.

A: ¿Fuiste a un "tablao" flamenco?

B: Sí, estuve en un "tablao" en Sevilla.

A: ¿Te gustó?

B: Sí, me gustó mucho.

Diálogo 2

A: ¿Qué hiciste ayer?

B: Fui al cine.

A: ¿Qué película viste?

B: Vi una película de Carlos Saura.

A: ¿Qué te pareció?

B: No me gustó mucho. La otra película de Saura que vimos el mes pasado me pareció más interesante.

Diálogo 3

A: ¿Dónde estuvisteis en las vacaciones de verano?

B: Visitamos a unos amigos en Santander. Se alegraron mucho de vernos.

A: ¿Fuisteis a la playa?

B: No, fuimos a los Picos de Europa. Nos gusta mucho escalar.

A: ¿Os lo pasasteis bien?

B: Sí, nos lo pasamos muy bien.

Diálogo 4

A: ¿Qué hiciste ayer? Te estuve esperando dos horas en mi casa. ¿Dónde te metiste? ¿Por qué no viniste?

B: Te llamé a las diez y no contestó nadie.

A: Ésas no son horas de llamar un domingo. A esas horas estoy durmiendo.

B: ¡No me digas! Yo me levanté el domingo a las ocho.

A: ¡Madre mía! ¿Qué hiciste tan pronto?

B: Me duché, desayuné y a las diez me fui al Rastro*.

A: ¿Compraste algo?

B: Sí, compré un cuadro para mi hermana. Es su cumpleaños la semana próxima.

A: ¿Cuánto pagaste por el cuadro?

B: Pagué 50 euros.

* Flohmarkt in Madrid

23

Diálogo 5

A: ¡Hola, Manolo! ¿Leíste ayer el periódico?

B: No, no lo leí.

A: ¿Y viste las noticias en la televisión?

B: No, no las vi tampoco. ¿Por qué? ¿Pasó algo importante?

A: Sí, ayer hubo un terremoto en Irán y murieron 40.000 personas. Pero, ¿qué hiciste ayer?

B: Ayer no hice nada en todo el día. Estuve todo el día durmiendo.

Diálogo 6

A: ¿Qué tiempo hizo la semana pasada en Madrid?

B: Hizo mucho frío y llovió, pero, afortunadamente, no nevó. Hace dos semanas nevó mucho y tuve un accidente con la moto.

A: ¿Se cayó usted de la moto?

B: Sí, me caí, pero, por suerte, no me pasó nada.

A: ¡Menos mal!

Diálogo 7

A: ¡Qué sorpresa, Ricardo! ¡Cuánto tiempo sin verte! ¿De dónde vienes?

B: De esquiar.

A: ¿Te lo has pasado bien?

B: No, muy mal. No te puedes imaginar la mala suerte que he tenido.

A: ¿Por qué? ¿Qué te ha pasado?

B: Primero me robaron la cámara fotográfica y 120 euros. Después tuve un accidente esquiando. Y, por si fuera poco, ayer por la noche el tren llegó con dos horas de retraso. Sin darme cuenta me senté en primera clase y cuando llegó el revisor tuve que pagar 25 euros de diferencia.

A: ¡Madre mía! A veces es mejor no ir de vacaciones.

– ¡Hola, Manolo! ¿De dónde vienes?

– De visitar a Julio en el hospital.

– Pero si ayer lo vi con una chica muy guapa.

– Sí y también lo vio su mujer.

– Ayer hice una apuesta con mi mujer que llegaría antes de las doce
  de la noche a casa.

– ¿Y ganaste?

– No, como soy un caballero la dejé ganar.

Una chica protesta al ver la comida que le sirve su padre. Éste,
enfadado, dijo:

"El lunes te gustaron las judías, el martes te gustaron las judías, el
miércoles te gustaron las judías. Y, de repente, hoy jueves, no
te gustan las judías. ¿Quién entiende a la juventud, hoy en día?"

Gramática

Indefinido – Unregelmäßige Verben   **Indefinidos irregulares**

poder	tener	venir	leer	caerse	decir
pude	tuve	vine	leí	me caí	dije
pudiste	tuviste	viniste	leíste	te caíste	dijiste
pudo	tuvo	vino	leyó	se cayó	dijo
pudimos	tuvimos	vinimos	leímos	nos caímos	dijimos
pudisteis	tuvisteis	vinisteis	leísteis	os caísteis	dijisteis
pudieron	tuvieron	vinieron	leyeron	se cayeron	dijeron

Gustar

Das Verb **gustar** (gefallen, schmecken) wird im **Indefinido** fast nur in der **3. Person Singular** bzw. **Plural** verwendet.

¿Te gustó la película?	Gefiel dir der Film?
Sí, me gustó mucho.	Ja, er gefiel mir sehr.
¿Te gustaron los discos?	Gefielen dir die Schallplatten?
Sí, me gustaron.	Ja, sie gefielen mir.

Verben mit orthographischen Veränderungen

Die Aussprache der Grundform eines Verbes muss bei der ganzen Konjugation beibehalten werden. Zur Erhaltung dieser Aussprache – oder zur Einhaltung orthographischer Regeln – können gewisse orthographische Veränderungen auftreten bei den Verben, die auf **-car, -cer, -zar, -gar, -ger, -gir, -guir** enden.

1. Verben auf **-car:**   **c** wird zu **qu** vor **e**

| buscar | busqué |
| sacar | saqué |

3. Verben auf **-zar:**   **z** wird zu **c** vor **e**

| cruzar | crucé |
| empezar | empecé |

2. Verben auf **-cer:**   **c** wird zu **z** vor **o** und **a**

| convencer | convenzo |
| hacer | hizo |

4. Verben auf **-gar:**   **g** wird zu **gu** vor **e**

| llegar | llegué |
| pagar | pagué |

Español Actual – Lehrbuch 1 © FELDHAUS VERLAG, Hamburg

5. Verben auf **-ger** und **-gir:**   **g** wird zu **j** vor **o** und **a**

| coger (nehmen) | cojo, coja Ud. (Imperativo) |
| dirigirse (sich wenden an) | me dirijo, diríjase |

6. Verben auf **-guir:**   **gu** wird zu **g** vor **o** und **a**

| seguir (folgen) | sigo, siga |

7. Verben auf **leer, -aer, -oer** verwandeln das **i** in **y**, wenn es unbetont ist und zwischen zwei Vokalen steht:

leer (lesen)	leyó
oír (hören)	oyó
caerse (stürzen, herunterfallen)	se cayó

Einige Verben mit orthographischen Veränderungen

auf **-car**

buscar	suchen
explicar	erklären
sacar	herausnehmen, (Fahrkarte,Eintrittskarte) lösen
equivocarse	sich irren
comunicar	mitteilen
acercarse (a)	sich nähern
tocar	anfassen, berühren, spielen (Instrumente)

auf **-gar**

llegar (a)	ankommen
pagar	bezahlen
rogar	bitten
entregar	abgeben, übergeben
negar	verleugnen, verneinen

auf **-zar**

cruzar	überqueren
comenzar (a)	beginnen (zu)
empezar (a)	beginnen (zu)
organizar	organisieren
avanzar	vorwärts kommen, Fortschritte machen
utilizar	benutzen

Gramática

auf -ger

coger	nehmen
escoger	(aus)wählen
recoger	abholen, aufräumen

auf -gir

elegir	(aus)wählen
dirigir	steuern, leiten, dirigieren

Übersetzungsmöglichkeiten von **parecer**

parecer – scheinen, aussehen als ob, (dazu) meinen, finden, recht sein

¿Qué te parece?	Was meinst du dazu?
Me parece bien / mal.	Es ist mir recht / nicht recht.
Me parece que ...	Es scheint mir, dass ...
Me ha parecido que ...	Es schien mir, dass ...
Me pareció que ...	Es schien mir, dass ...
Si te parece ...	Wenn du meinst / wenn es dir recht ist ...
¿No te parece muy caro?	Ist dir das nicht zu teuer?
La película no me pareció muy interesante.	Ich fand den Film nicht sehr interessant.
Al parecer ...	Anscheinend ...
A mi parecer ...	Meiner Meinung nach ...
Parece otra.	Sie scheint eine andere zu sein.
Se parecen como dos gotas de agua.	Sie ähneln sich wie ein Ei dem anderen (wörtlich: wie zwei Wassertropfen).

Médico: Buenas tardes, don Enrique. ¿Cómo está Ud.?
Paciente: No muy bien. Me siento mal. No puedo dormir y no tengo apetito.
Médico: ¿Le duele la cabeza o la garganta?
Paciente: No, doctor.
Médico: ¿Tiene fiebre?
Paciente: Creo que no.
Médico: ¿Qué enfermedades ha habido en su familia?
Paciente: Ninguna. Mi abuelo murió a los 94 años. Mi padre vivió hasta los
            88 y mi madre ya tiene 90. Y yo también quiero llegar a esa edad.
Médico: ¿Fuma Ud.?
Paciente: No, nunca he fumado.
Médico: ¿Bebe alcohol?
Paciente: Ni una gota.
Médico: ¿Tiene problemas amorosos o familiares?
Paciente: No, tampoco. Estoy soltero y no tengo novia.
Médico: ¿Practica deportes?
Paciente: No, es demasiado peligroso.
Médico: Mire, no comprendo en absoluto por qué quiere vivir hasta los 90 años.

El cuerpo humano

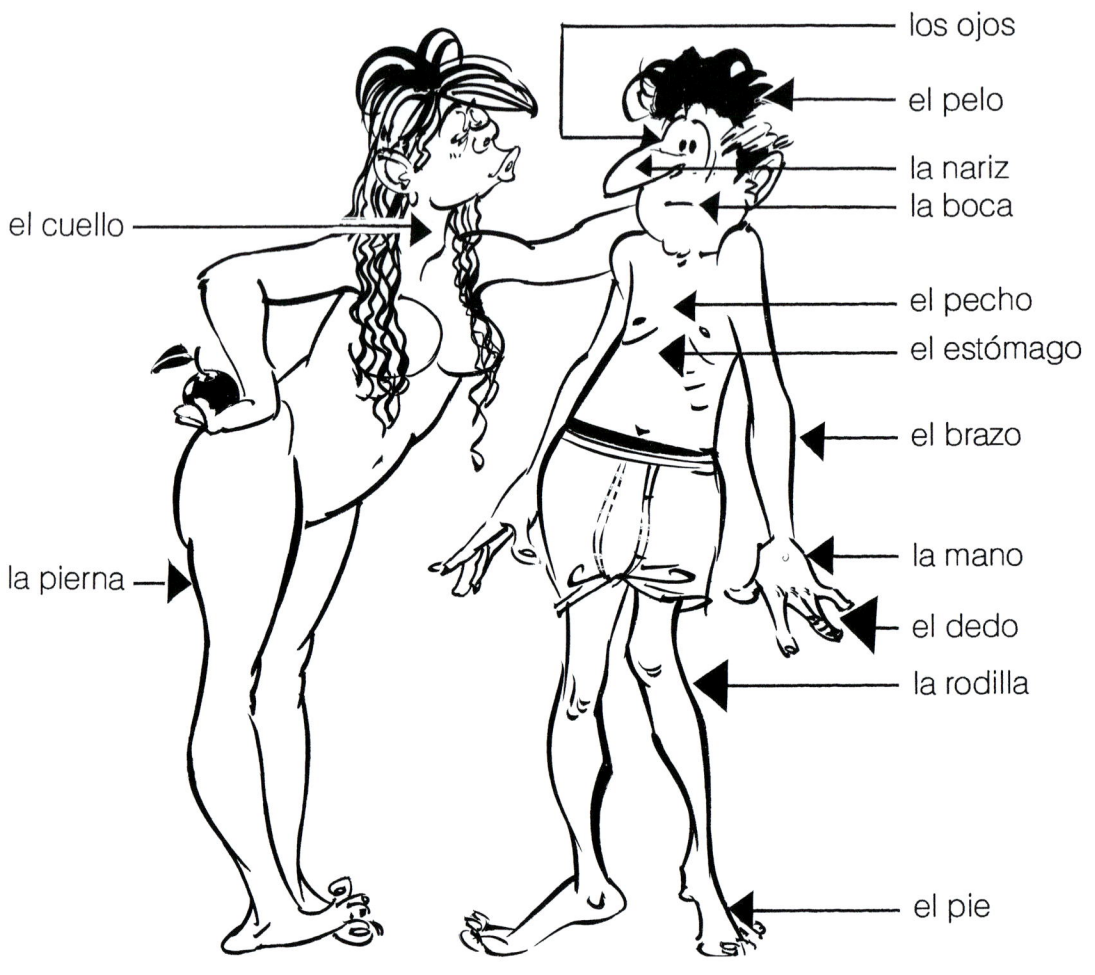

los ojos
el pelo
la nariz
la boca
el pecho
el estómago
el brazo
la mano
el dedo
la rodilla
el pie
el cuello
la pierna

la cara	das Gesicht
la lengua	die Zunge
los labios	die Lippen
la garganta	die Kehle, der Hals
los dientes	die Zähne
las muelas	die Backenzähne
las uñas	die Fingernägel
el pelo, el cabello	das Haar
las nalgas	der Hintern (Popo)
(vulgär: culo, pompis, trasero)	

la oreja	das Ohr
la espalda	der Rücken
el corazón	das Herz
el riñón	die Niere
el hígado	die Leber
el pulmón	die Lungen
el estómago	der Magen
la barriga	der Bauch

Don Raimundo, un señor de cuarenta años, está casado con una jovencita de veinte. Un día don Raimundo está muy enfermo y su mujer llama al médico de la familia. Después de examinar al enfermo el médico dijo:
– Señora, su marido necesita mucho descanso. Tenga este somnífero. Cada noche debe tomar dos pastillas.
– ¿A qué hora tiene que tomarlas?
– El somnífero no es para su marido, señora. ¡Es para usted!

Un soldado dice a otro:
– Pareces tonto, ¿por qué te rascas la cabeza sin quitarte la gorra?
– Perdona, hombre. Cuando te pica la rodilla, ¿te quitas los pantalones?

Una señorita, después de una operación de apéndice, pregunta al médico:
– ¿Se me verá mucho la cicatriz, doctor?
– Eso, señorita, depende de usted.

– Doctor, ayer de repente sentí unos dolores terribles.
– ¿Dónde exactamente?
– En el tren, entre Madrid y Toledo.

Un señor le pregunta a su mujer:
– Lolita, ¿qué harás si me muero?
– Me volvería loca.
– ¿Te volverías a casar?
– ¡No, por Dios! Tan loca, no.

– ¡Qué suerte que no nací en Inglaterra!
– ¿Por qué?
– ¡Imagínate! Porque no sé ni una palabra de inglés.

Übersetzungsmöglichkeiten von **werden**

1. **werden (sich in etwas verwandeln) – convertirse en**

La Torre Eiffel se ha convertido en un símbolo de orgullo de París.
Der Eiffelturm ist zum stolzen Wahrzeichen von París geworden.

2. **werden + Adjektiv – ponerse** (wenn das Adjektiv eine **vorübergehende** Veränderung bezeichnet)

ponerse triste	traurig werden
ponerse pálido	blass werden
ponerse enfermo	krank werden
ponerse furioso	wütend werden

3. **werden + Adjektiv – volverse** (wenn das Adjektiv eine **definitive** Veränderung bezeichnet)

Sara se ha vuelto muy orgullosa.	Sara ist sehr stolz geworden.
Guillermo se ha vuelto loco.	Wilhelm ist verrückt geworden.

4. **werden (wollen) + Beruf – querer ser, estudiar, hacerse**

Lolita quiere ser azafata.	Lolita will Stewardess werden.
Sara está estudiando para enfermera.	Sara wird Krankenschwester.
Víctor se ha hecho médico.	Víctor ist Arzt geworden.

5. **werden + Alter (Jahre vollenden) – cumplir años**
werden + Alter (erreichen)   – llegar a

¿Cuántos años cumples/has cumplido?	Wie alt wirst du?/bist du geworden?
He cumplido 90 años.	Ich bin 90 geworden.
Yo también quiero llegar a los 90 años.	Ich möchte auch 90 werden.

6. **werden + Jahreszeiten – llegar**

Ya ha llegado la primavera.	Es ist schon Frühling geworden.

7. **werden + Wetter, Tageszeiten – empezar a**

Empieza a hacer frío.	Es wird kalt.
Empieza a amanecer/oscurecer.	Es wird hell/dunkel.

8. **werden – ser de** (wenn nach dem Zustand von Personen oder Dingen gefragt wird)

¿Qué ha sido de Pepe?	Was ist aus Pepe geworden?

Weitere Verwendungsmöglichkeiten des Wortes werden:

curarse, sanar, ponerse bueno	gesund werden
envejecer	alt werden

25

Galicia

Situación geográfica – Población – Idiomas

Galicia está situada en el noroeste de la península Ibérica. Galicia ha sido siempre una región muy poblada. Las consecuencias de esta superpoblación han sido la emigración y el minifundismo.

En Galicia se hablan dos idiomas: el gallego y el castellano.
En el siglo VII antes de Cristo llegaron a España los celtas, procedentes del sur de Alemania. Se instalaron preferentemente en Galicia y Portugal. Los romanos conquistaron el territorio llamado Gallaecia hacia el año 19 antes de Cristo. La mezcla del celta con el latín fue el origen de la lengua gallega y de la portuguesa. Los primeros textos escritos en gallego-portugués datan de principios del siglo XIII.

Después de la independencia de Portugal en el siglo XV, el gallego recibe cada vez más influencia del castellano y desaparece como lengua escrita hasta el siglo XIX, aunque continuó siendo la lengua del pueblo.

Clima – Paisaje

La temperatura anual media es de 14 grados. Los inviernos son poco fríos con temperaturas entre los 5 grados en el interior y 10 grados en la costa. En verano la temperatura media es de unos 18 grados. En Galicia llueve mucho durante todo el año; por eso el paisaje es muy verde. Hay muchos árboles, sobre todo pinos y eucaliptos. Las montañas no son muy altas. En la costa hay rías con playas maravillosas.

Emigración

Desde el siglo XVIII la emigración es algo normal en Galicia a causa de la superpoblación y de la falta de trabajo. Unos emigraron a otras regiones de España, otros a América del Sur. En Argentina, por ejemplo, viven más de 600.000 gallegos. Finalmente, entre 1960 y 1970, los emigrantes gallegos fueron a Alemania, Suiza, Francia y Holanda.

Emigración gallega (1960 – 1975)

España		extranjero	
Barcelona	36%	Alemania	43%
País Vasco	30%	Suiza	38%
Madrid	11%	Francia	9%

Ciudades principales

Santiago de Compostela es una de las ciudades más bellas e interesantes de España.

Hay una leyenda que da nombre a esta ciudad y a su famosa catedral:

El Apóstol Santiago (Jakobus) fue a esta región en el año 39 después de Cristo en misión evangélica. En el año 44 volvió a Jerusalén y le decapitaron. Después de muerto, sus discípulos le llevaron a Santiago, en aquel tiempo todavía sin nombre, y le enterraron allí. En el año 813 dos campesinos descubrieron el cuerpo de Santiago al ver un destello de luz.

Del nombre latino "campus stellae" (Sternenfeld) deriva el nombre Compostela y de "Sanctus Jacobus" Santiago.

En recuerdo de Santiago el pueblo construyó una iglesia pequeña en este lugar. La catedral actual se empezó a construir en estilo románico en el año 1075 y se terminó en el 1750. Tiene elementos de los estilos gótico, renacentista y barroco. La catedral, construida en granito, tiene una extensión de 23.000 m².

Santiago fue el tercer lugar de peregrinación en la Edad Media. El camino de Santiago (Jakobsweg), que empieza en Francia, es hoy una ruta turística cultural muy interesante.

Otras ciudades importantes en Galicia son: La Coruña, Vigo, Orense y Pontevedra.

Economía regional

La economía de Galicia se basa en la agricultura, la ganadería y la pesca. La conserva y la exportación de pescado a otras regiones de España y al extranjero son las principales industrias de Galicia.

Los agricultores gallegos poseen campos pequeños, "minifundios". Las parcelas son numerosas, muy pequeñas y alejadas unas de otras. La explotación y la mecanización son muy difíciles y por ello se necesitaría una reforma agraria para aumentar la productividad.

Producción agrícola (respecto a España):

trigo	1,3 %
maíz	19 %
centeno	36 %
vino	4 %

Turismo

España es la segunda potencia turística del mundo con unos 53 millones de turistas al año.

El turismo extranjero busca principalmente el sol; por eso Galicia no es un lugar muy atractivo para los turistas nórdicos. El turismo de Galicia es principalmente nacional, sobre todo del centro del país.

Folklore

En los bailes regionales, llamados "muiñeiras", con música de gaita, puede verse la gran influencia celta.

El camino de Santiago – Der Jakobsweg

Gramática

Indefinido – Unregelmäßige Verben

Indefinidos irregulares

estar	estuv-	
hacer	hic-	**-e**
venir	vin-	**-iste**
tener	tuv-	**-o**
querer	quis-	**-imos**
poder	pud-	**-isteis**
saber	sup-	**-ieron**
poner	pus-	
andar	anduv-	

		-e
traer	traj-	**-iste**
decir	dij-	**-o**
conducir	conduj-	**-imos**
producir	produj-	**-isteis**
		-eron

haber	**hubo**

Pretérito indefinido de los verbos en -ir que cambian la raíz en el presente

dormir	pedir
dormí	pedí
dormiste	pediste
du**r**mió	p**i**dió
dormimos	pedimos
dormisteis	pedisteis
du**r**mieron	p**i**dieron

Morir wird wie **dormir** konjugiert.
Seguir, preferir, sentir, elegir usw.
werden wie **pedir** konjugiert
(vergl. Lektion 20, Gramática).

Indefinido de los verbos que terminan en -uir

construir	huir
construí	hui
construiste	huiste
construyó	huyó
construimos	huimos
construisteis	huisteis
construyeron	huyeron

Ebenso werden gleich konjugiert: **oír, creer, leer, caerse.**

Nebensatzverkürzungen mit Infinitiv

Der Infinitiv mit Präposition ist im Spanischen zur Verkürzung adverbialer Nebensätze sehr gebräuchlich.

Die gebräuchlichsten Infinitivkonstruktionen sind:

1. Temporalsatz der Gleichzeitigkeit: **al + Infinitiv** (anstatt **cuando + konjugiertes** Verb).

Descubrieron el cuerpo de Santiago **al ver** (cuando vieron) una estrella.	Sie entdeckten den Körper von Santiago, als sie einen Stern sahen.
Se sorprendió mucho **al ver** (cuando vio) las casas tan altas y el tráfico.	Er war sehr überrascht, als er die hohen Häuser und den Verkehr sah.
Al salir (cuando salí) de casa, me encontré a Juan.	Als ich das Haus verließ, traf ich Juan.

2. Kausalsatz: **por + Infinitiv** (anstatt **porque + konjugiertes** Verb).

Felipe II eligió Madrid como capital de España **por estar situada** (porque estaba situada) en el centro del país.	Philipp II. wählte Madrid zur Hauptstadt Spaniens, weil sie im Zentrum des Landes liegt.
Has engordado mucho **por comer** (porque comes) demasiado.	Weil du so viel isst, hast du zugenommen.

Gramática

Bruchzahlen   **Números fraccionarios**

Bei Bruchzahlen wird der Zähler als Grundzahl, der Nenner als Ordnungszahl gelesen. Wenn der Zähler größer als eins ist, steht der Nenner im Plural.

1/2 medio, media	2/3 dos tercios
1/3 un tercio	3/4 tres cuartos
1/4 un cuarto	4/5 cuatro quintos

1. Vor **medio** bzw. **media** steht **nie** der **unbestimmte Artikel**.

medio kilo	ein halbes Kilo
media hora	eine halbe Stunde
un kilo y medio	anderthalb Kilo
dos horas y media	zweieinhalb Stunden

2. Die Bruchzahlen können auch durch die **Ordnungszahl** + **parte** ausgedrückt werden.

la cuarta parte	ein Viertel
la tercera parte	ein Drittel
las tres cuartas partes	drei Viertel

Bitte beachten:

1/4 Jahr	tres meses
3/4 Jahr	nueve meses

Maße und Gewichte   **Medidas y pesos**

1 gr	un gramo
1 kg	un kilo
1 l	un litro
1 cm	un centímetro
1 m	un metro
1 km	un kilómetro

Español Actual – Lehrbuch 1 © FELDHAUS VERLAG, Hamburg

Prozentzahlen   **Tanto por ciento**

Vor Prozentzahlen steht meistens der bestimmte Artikel. In einigen Fällen
benutzt man auch den unbestimmten Artikel.

El 30% (treinta por ciento) de los españoles ...	30% der Spanier ...
Un interés del 5%	5% Zinsen
Le concedemos un 10% de descuento.	Wir gewähren Ihnen 10% Ermäßigung.

Expresiones usuales

Es igual / lo mismo.	Es ist egal.
Me da igual / lo mismo.	Es ist mir egal.
Me parece que no / sí.	Ich glaube (denke) nicht / doch.
Creo que no / sí.	Ich glaube (denke) nicht / doch.
¡Claro que sí!	Aber klar / selbstverständlich!
¡Imagínate!	Stell Dir vor!
¡Imagínese!	Stellen Sie sich vor!
¡Por fin!	(Na) endlich!
¡(De eso) ni hablar!	Das kommt nicht in Frage!
de ningún modo / de ninguna manera	auf keinen Fall / aber nein
en cualquier caso	auf jeden Fall
de cualquier modo	auf jeden Fall
nunca más	nie wieder
jamás en la vida	nie im Leben
por supuesto / descontado	selbstverständlich
por si acaso ...	für alle Fälle, falls (etwa)
depende (de) ...	es kommt darauf an ...
precisamente ahora	ausgerechnet jetzt

26 El sereno

El rey Carlos IV creó el puesto de vigilante nocturno en el año 1791.
La función de los vigilantes nocturnos en el siglo XIX era abrir y cerrar
los portales de las casas, vigilar el barrio y anunciar las horas y el
tiempo.

Después de algún tiempo, estos vigilantes nocturnos recibieron el nombre
de "serenos" (heiter), ya que esta palabra era la que más empleaban cuando
anunciaban el tiempo. Después de algunos años dejaron de anunciar el
tiempo y las horas, pero continuaron vigilando el barrio y abriendo los portales
a los que llegaban a su casa después de las diez de la noche y no tenían
llaves. Los ciudadanos llamaban a los serenos dando unas palmadas.

Los serenos no tenían sueldo fijo, ni seguro médico, ni jubilación.
Vivían de las propinas que les daban los vecinos cuando olvidaban sus
llaves. El Ayuntamiento les daba la licencia de armas, la pistola y el uniforme.
El puesto de serenos pasaba de padres a hijos.

Esta situación laboral sin sueldo, ni seguros sociales permaneció sin
ningún cambio hasta el año 1974.

Español Actual – Lehrbuch 1 © FELDHAUS VERLAG, Hamburg

El número de serenos disminuyó progresivamente
hasta su desaparición en 1974 por diferentes causas:

● instalación de porteros automáticos en las casas;

● poca seguridad laboral debido al aumento de
la criminalidad;

● ganancias muy bajas dependientes de las propinas;

● carencia de seguros sociales.

En mayo de 1986 se creó de nuevo en Madrid el puesto
de vigilantes nocturnos. Ahora no llevan ni armas ni las
llaves de los portales, sólo un bastón y un gas lacrimógeno.
Tienen un sueldo fijo de unas 80.000 pesetas* al mes y
seguros sociales. En total hay 200 vigilantes nocturnos en
Madrid y aunque ya no son lo que eran antes los serenos,
Madrid vuelve a gozar poco a poco de la tranquilidad
nocturna deseada.

* más o menos 500 euros

Gramática

Imperfekt **Pretérito imperfecto**

1. regelmäßiges Imperfekt

-ar	-er	-ir
tomar	**comer**	**escribir**
tom**aba**	com**ía**	escrib**ía**
tom**abas**	com**ías**	escrib**ías**
tom**aba**	com**ía**	escrib**ía**
tom**ábamos**	com**íamos**	escrib**íamos**
tom**abais**	com**íais**	escrib**íais**
tom**aban**	com**ían**	escrib**ían**

2. unregelmäßiges Imperfekt

ser	ir	ver
era	iba	veía
eras	ibas	veías
era	iba	veía
éramos	íbamos	veíamos
erais	ibais	veíais
eran	iban	veían

Anwendung des Imperfekts

1. Im Gegensatz zum **Indefinido**, mit welchem die Handlung als abgeschlossen ausgedrückt wird, verwendet man das **Imperfekt**, wenn man die Handlung als noch **andauernd** bezeichnen möchte, d. h.: die Handlung war in jenem Augenblick **noch nicht abgeschlossen**. Mit dem Imperfekt **erleben** wir den Verlauf einer an sich schon vergangenen Handlung wieder. **Beginn und Ende sind nicht gekennzeichnet**.

   Wenn von zwei oder mehreren Ereignissen die Rede ist, die sich zur gleichen Zeit in der Vergangenheit abspielten, wird das **Imperfekt** verwendet, um das **noch andauernde Ereignis** zu beschreiben, während wir das **Indefinido** für jede **neu eintretende Handlung** verwenden.

Cuando **iba** a Stuttgart me encontré con un amigo.	Als ich unterwegs nach Stuttgart war, traf ich einen Freund.
Mientras **hablábamos** se acercó un policía.	Während wir sprachen, näherte sich ein Polizist.
Cuando **estaba comiendo** llegó mi hermano.	Als ich aß (beim Essen war), kam mein Bruder.

 Español Actual – Lehrbuch 1 © FELDHAUS VERLAG, Hamburg

2. Das **Imperfekt** wird auch verwendet bei der Darstellung von
Handlungen und **Tätigkeiten**, die sich **gewohnheitsmäßig wiederholen**.

acostumbrar a / soler – zu tun pflegen

Antes **iba** casi siempre a pie a trabajar.	Früher ging ich fast immer zu Fuß zur Arbeit.
Antes **acostumbraba a** dar un paseo después de comer.	Früher pflegte ich nach dem Essen spazieren zu gehen.
Antes **solía** levantarme a las siete.	Früher pflegte ich um sieben Uhr aufzustehen.
Cuando era pequeña mi madre me **llevaba** a la escuela.	Als ich klein war, brachte mich meine Mutter zur Schule.

3. Das **Imperfekt** wird zur **Beschreibung eines Zustandes** in der
Vergangenheit verwendet.

Los platos **estaban** sucios.	Die Teller waren schmutzig.
Rosa **llevaba** un vestido muy bonito.	Rosa trug ein schönes Kleid.

4. Das **Imperfekt** verwendet man auch für **Beschreibungen** (Sachen oder Personen) in der Vergangenheit.

El hotel **era** bueno.	Das Hotel war gut.
Tenía muchas habitaciones, pero **era** tranquilo.	Es hatte viele Zimmer, aber es war ruhig.
La chica que conocí en las vacaciones **era** muy simpática.	Das Mädchen, das ich im Urlaub kennen lernte, war sehr nett.
Tenía los ojos negros.	Sie hatte schwarze Augen.

5. Für **Zeitangaben** in der Vergangenheit gebraucht man immer das **Imperfekt** des Verbs **ser**.

Eran las tres.	Es war 3 Uhr.
Era tarde.	Es war spät.
Era de noche.	Es war Nacht.

6. Für **gleichzeitig verlaufende, nicht abgeschlossene Handlungen** in der Vergangenheit verwendet man **das Imperfekt**.

Mientras yo **cocinaba**, mi amigo **estaba viendo** la televisión.	Während ich kochte, schaute mein Freund fern.

7. **Indirekte Rede**

Die direkte Rede im **Präsens** wird nach **dijo que ...** oder **me preguntó que ...** im **Imperfekt** wiedergegeben.

Direkte Rede	Indirekte Rede
Voy a España.	Dijo que **iba** a España.
¿Qué hora es?	Me preguntó qué hora **era**.
¿Dónde hay una farmacia?	Me preguntó dónde **había** una farmacia.

YA SABÍA QUE TE ENCONTRARÍA AQUÍ.

Bedeutungsänderungen bei **Indefinido** und **Imperfekt**

Einige Verben haben verschiedene Bedeutungen, je nachdem ob sie im
Indefinido oder im **Imperfekt** gebraucht werden.

conocer – kennen, kennen lernen		
Indefinido:	conocí	ich lernte kennen
Imperfecto:	conocía	ich kannte

saber – wissen, können		
Indefinido:	supe	ich erfuhr
Imperfecto:	sabía	ich wusste

tener – haben		
Indefinido:	tuve	ich bekam, ich hatte
Imperfecto:	tenía	ich hatte

ir – gehen, fahren		
Indefinido:	fui	ich fuhr, ich ging
Imperfecto:	iba	ich war unterwegs

Picasso – Su vida y obra

Pablo Ruiz Picasso nació en Málaga en 1881. Su padre fue
también pintor y su maestro hasta los 13 años.

En 1895 Picasso y su familia se fueron a vivir a Barcelona. En
1896 Picasso fue a Madrid y estudió en el Museo del Prado a
los grandes maestros clásicos.

En 1900 visitó por primera vez París, el centro artístico y cultural
de Europa. Aquí empezó el periodo azul, que se caracteriza por
escenas tristes en tonos azulados.

Después de continuos viajes entre París y Barcelona se quedó a
vivir en París. En 1905 empezó el periodo rosa, caracterizado por
los cuadros de arlequines.

En 1907 pintó el primer cuadro cubista: Las señoritas de Aviñón,
donde se inicia la geometrización de la figura humana.

Guernica (1937)

Español Actual – Lehrbuch 1 © FELDHAUS VERLAG, Hamburg

En 1937 pintó el famoso cuadro Guernica.

Guernica es una ciudad pequeña en el País Vasco. Los alemanes bombardearon la ciudad en la Guerra Civil Española por deseo de Franco, que intentó atemorizar de esta forma a los guerrilleros y demostrar que los alemanes le apoyarían hasta el fin. Los alemanes probaron nuevos métodos de bombardeo que luego usaron en la Segunda Guerra Mundial.

En Guernica, en el momento del bombardeo, sólo había ancianos, mujeres y niños. En pocos minutos la ciudad ardía en llamas. El bombardeo duró unas tres horas. Las víctimas fueron 1.654 muertos y 889 heridos, aproximadamente el 30 % de la población.

Picasso expresó en el monumental cuadro Guernica la tragedia y el dolor que sufrieron los habitantes de Guernica, víctimas de la brutalidad y egoísmo de los políticos.

El Guernica, encargado por el Gobierno de la República al pintor malagueño en 1937 para decorar el pabellón español de la Exposición Universal de París, nunca estuvo en España hasta el 10 de septiembre de 1981. Hasta esta fecha estuvo en el Museo de Arte Moderno de Nueva York, debido al deseo de Picasso de llevar el cuadro únicamente a una "España democrática".

Las polémicas sobre el lugar donde debería estar el cuadro en España fueron enormes. Los vascos querían tener el cuadro en Guernica, ya que fueron el motivo del cuadro; los andaluces, en Málaga, que fue la ciudad natal del pintor; los catalanes, en Barcelona porque Picasso vivió en Barcelona y allí se encuentra el Museo Picasso. Finalmente el cuadro está en Madrid en el Museo Nacional Centro de Arte Reina Sofía. Durante el primer año fueron a ver el cuadro un millón de personas.

Picasso ha sido la máxima figura del arte del siglo XX. Trabajó sin descanso hasta su muerte en 1973.

Una carta al Rey de España

Gernikan 1981 'ko laugarrenean, 16an

Errege Jauna, Agur

Lagun batek esan daust, zelan Pikassok egin eban margozkia, Madrilera eroango dabela. Guk, euskotarrok estydagu oni ondo artu. Guk galdu gendun ene, etxeak, abereuk eta dana. ¿Zergaitik eroango dabe Gernika margozkia Madrilera? Guguitritik Pikassok margoztu eban lauki hori; beraz er da marrezkia bakarrik; benen barruan dauitez gure hilak, gure negarzak eta gure odola. Horregaitik Errege Jauna, eskatzen dautzit, nere berunguitahamaska urteak ematen deuzten indarnegaz, zuk gizon ona eta zuzena zarula dinwelez, ekarri didazu Pikasson Margistia, Gernikara.

Bihotz bihotzez eskerrik asko. Agur

Juan Jose Gerrikabeitia

(Aus: Interviu, 1981)

En el año 1981 Juan José Gerrikabeitia, un vasco de 91 años de edad, escribió esta carta al Rey de España, donde le decía que iban a llevar el cuadro "Guernica" a Madrid y que los vascos no podían aceptar eso, ya que ellos fueron el motivo del cuadro.

En la carta también ponía que "El Guernica" no era sólo una pintura sino que contenía los muertos de Guernica y que por eso el cuadro debería estar en el País Vasco y no en Madrid.

Las señoritas de Aviñón

Die indirekte Rede   **El estilo indirecto**

Im Gegensatz zum Deutschen benutzt man in der **indirekten Rede** im Spanischen nicht den Konjunktiv, sondern den **Indikativ** (außer, wenn die direkte Rede im Imperativ steht).

Wenn in der Einleitung eine Zeit wie **Präsens** (dice que), **Perfekt** (ha dicho que), **Futur** (dirá que), oder **Konditional** (diría que) steht, bleibt die Zeit des Originalsatzes **erhalten**, es ändern sich nur die Personen.

Wenn in der Einleitung eine **Vergangenheits-Zeit** (Indefinido, Imperfekt, Plusquamperfekt) steht, muss man folgende **Zeitänderung** vornehmen:

Präsens	wird zu	**Imperfekt**
Perfekt	wird zu	**Plusquamperfekt**
Futur	wird zu	**Konditional**
Indefinido	wird zu	**Plusquamperfekt** (oder bleibt **Indefinido**)
Imperfekt, Konditional und		
Plusquamperfekt		verändern sich **nicht**

Direkte Rede	**Indirekte Rede**
Estudio español.	Dice / ha dicho / dirá / diría que **estudia** español. Dijo / decía / había dicho que **estudiaba** español.
He estudiado español.	Dice que **ha estudiado** español. Dijo que **había estudiado** español.
Iré a España.	Dice que **irá** a España. Dijo que **iría** a España.
Fui al cine.	Dice que **fue** al cine. Dijo que **fue / había** ido al cine.
Había mucha gente.	Dice que **había** mucha gente. Dijo que **había** mucha gente.
Me gustaría ir a España.	Dice que le **gustaría** ir a España. Dijo que le **gustaría** ir a España.

Bitte beachten: Ir a + Infinitiv (nahe Zukunft)

Voy a ir a Stuttgart.	Dice que **va a ir** a Stuttgart. Dijo que **iba a ir** a Stuttgart.

Madrid – El centro de España

El Palacio Real, Madrid

Madrid es una ciudad relativamente moderna. El rey Felipe II la eligió como capital de España en el año 1561 por estar situada en el centro del país.

Madrid tiene más de tres millones de habitantes y una extensión de 531 km².

En la parte antigua de la ciudad hay lugares muy pintorescos. Las casas son pequeñas y las calles estrechas con tascas, mesones y bares típicos donde se pueden comer las más variadas tapas. En el centro de Madrid, en la Plaza de España, hay también casas muy modernas y rascacielos como la "Torre de Madrid" de 124 m de altura, que se empezó a construir en 1954. Durante algunos años la Torre de Madrid fue el rascacielos más alto de Europa y los madrileños estaban muy orgullosos de ello.

La contaminación atmosférica en Madrid es enorme debido al tráfico intenso y a las industrias de los alrededores de la ciudad.

Los monumentos más importantes son:

La Plaza Mayor (siglo XVII)	La Plaza de la Cibeles (siglo XVIII)
La Puerta de Alcalá (1778)	El Museo del Prado (1785 – 1830)
El Palacio Real (1738 – 1764)	

En Madrid hay tres parques de gran extensión: El Parque del Retiro, la Casa de Campo y el Parque del Oeste. En estas zonas verdes el aire es mejor que en el resto de la ciudad.

Turismo – Economía del centro de España

En Madrid hay principalmente "turistas de paso" que sólo se
quedan unas horas o unos días. A pesar de ello el número de
turistas es tan grande que el turismo tiene una importancia
económica considerable para el centro del país.

En Madrid trabaja algo más de la décima parte de la población
activa de España y hay un índice de paro relativamente elevado.

En los alrededores de Madrid hay bastante industria. En el resto
de las provincias del centro apenas existe industria. Castilla es
principalmente una región agraria. Se cultivan trigo, olivos, viñas
y caña de azúcar, pero la productividad es muy baja. Hay poca
tierra de regadío, muchos minifundios y, al mismo tiempo, un
pequeño número de latifundistas que poseen gran parte de la
tierra. Muchos campesinos han emigrado a Madrid o a otros países
de Europa. Por ello el centro de España está muy despoblado.

Clima – Paisaje – Ciudades importantes

El clima en el centro de España es continental. En invierno hace
mucho frío y en verano hace mucho calor. Llueve muy poco. El
paisaje es muy seco.

Las ciudades de mayor interés turístico y cultural son: Cuenca,
Toledo, Segovia y Ávila.

Casas colgadas, Cuenca

Komparativ und Superlativ   **Comparativo y superlativo**

I. Komparativ des Adjektivs

Der Komparativ wird wie folgt gebildet:

más	que	mehr	als
menos	que	weniger	als
tan (+ Adj./Adv.)........	como	so	wie
tanto (+ Subst./Verb)..	como	so viel	wie

María es	**más/menos**	simpática	**que**	Teresa.
Carmen es	**tan**	simpática	**como**	Rosa.
Juan tiene	**tantos**	amigos	**como**	Carlos.

1. Vor den Grundzahlen wird **más** ... **que** bzw. **menos** ... **que** zu **más** ... **de** bzw. **menos** ... **de**.

Tengo **más de** cien euros.	Ich habe mehr als hundert Euro.

2. **Tanto** richtet sich in Geschlecht und Zahl nach dem darauf folgenden Substantiv.

Tengo **tantos** libros **como** tú.	Ich habe genau so viele Bücher wie du.

Tanto als Adverb (ein Verb begleitend) ist unveränderlich.

Trabajo **tanto como** tú.	Ich arbeite genau so viel wie du.

3. Wenn der Vergleich durch einen Nebensatz vervollkommnet wird, fängt dieser Nebensatz mit **de lo que, del que, de la que, de los que, de las que,** an.

Tengo **más** dinero **de lo** que pensaba.	Ich habe mehr Geld, als ich dachte.
Tengo **más** libros **de los** que puedo leer.	Ich habe mehr Bücher, als ich lesen kann.

II. Superlativ des Adjektivs

1. Der **absolute** Superlativ wird gebildet:

a) mit den Wörtern **muy**
sumamente (höchst)
extraordinariamente (außerordentlich)

vor dem Adjektiv.

b) durch Anhängen der Endung **-ísimo, -ísima, -ísimos, -ísimas**

an das Adjektiv, wobei der Endungsvokal verlorengeht.

bueno	buen**ísimo**
caro	car**ísimo**
rico	riqu**ísimo**

Die Bildung des Superlativs mit der Endung **-ísimo** ist jedoch bei
vielen Adjektiven nicht möglich (español, francés, alemán, posible, etc.)

2. Der **relative** Superlativ wird beim Vergleich von mehr als
zwei Personen oder Sachen mit den Wörtern

el más, el menos, la más, ...

gebildet.

Jaime es **el más** inteligente **de** la clase. Jaime ist der Intelligenteste seiner Klasse.
Madrid es **la** ciudad **más** grande **de** España. Madrid ist die größte Stadt Spaniens.

III. Unregelmäßige Steigerung des Adjektivs (Komparativ, Superlativ)

Folgende Adjektive haben besondere Steigerungsformen:

bueno	mejor (besser)	el mejor (der beste)
malo	peor (schlechter)	el peor (der schlechteste)
grande	mayor (größer)	el mayor (der größte)
pequeño	menor (kleiner)	el menor (der kleinste)

Die regelmäßigen Steigerungsformen (**más bueno, el más bueno,** etc.) werden auch, aber nicht so häufig, verwendet.

Grande im Sinne von **großartig** wird immer regelmäßig gesteigert.

Bei Personen bedeutet **mayor** auch älter und **menor** auch jünger.

Bitte beachten Sie die Übersetzung:

mi hermano mayor	mein älterer Bruder
una persona mayor	ein älterer Mensch
un señor/una señora mayor	ein älterer Herr/eine ältere Dame
Es mayor de edad.	Er/sie ist volljährig.
Es menor de edad.	Er/sie ist minderjährig.

IV. Komparativ und Superlativ des Adverbs

Die regelmäßige Steigerung des Adverbs wird wie beim Adjektiv gebildet:

fácilmente – **más** fácilmente – **lo más** fácilmente

Bien und **mal** bilden Komparativ und Superlativ wie die Adjektive **bueno** und **malo**.

Pedro habla alemán **mejor/peor** que tú.	Pedro spricht Deutsch besser/schlechter als du.

Im Spanischen werden einige deutsche superlative adverbiale Bildungen wie
am liebsten, am meisten, am besten, am schönsten mit einem **Relativsatz** umschrieben.

am liebsten + Verb – **el/lo/la que más me gusta**

Este periódico es **el que más me** gusta leer. **Lo que más** me gustaría es ir de vacaciones.	Diese Zeitung lese ich am liebsten. Am liebsten würde ich in Urlaub fahren.

am besten – **lo mejor**
am besten etwas tun – **el/la que mejor** hace algo

Pedro es **el que mejor** habla alemán.	Pedro spricht am besten Deutsch.

am meisten + Verb – **lo/el/la que más** + verbo
am wenigsten + Verb – **lo/el/la que menos** + verbo

Juan es **el que más/menos** trabaja. Esto es **lo que más/menos** me interesa.	Juan arbeitet am meisten/am wenigsten. Das interessiert mich am meisten/am wenigsten.

höchstens – **a lo sumo/lo más/lo máximo**

Juan trabaja **a lo sumo** tres horas al día. **Lo más/máximo** que trabaja Juan son tres horas al día.	Juan arbeitet höchstens drei Stunden am Tag. Juan arbeitet höchstens drei Stunden am Tag.

ferner:

meistens	por lo general	die meisten (Personen)	la mayoría
	casi siempre	die meisten (Sachen)	la mayor parte
spätestens	como muy tarde	genau(so) wie	(al) igual que, lo mismo que
	a más tardar, lo más tarde	je mehr ... desto (um so)	cuanto más ... (tanto) más
frühestens	lo más pronto	höher, vorzüglicher	superior
wenigstens	por lo menos	niedriger, schlechter	inferior
so früh wie möglich	lo más pronto posible		

"Celtiberia Show"

Un campesino fue un día a Madrid a visitar a un amigo que estaba en el hospital.

Nunca había estado anteriormente en la ciudad y se sorprendió mucho al ver las casas tan altas, los cines, los parques, los grandes almacenes, el inmenso tráfico y otras muchas cosas; pero lo que más le sorprendió al llegar al hotel fue ver por primera vez un ascensor.

Con los ojos muy abiertos vio como entraba en el ascensor una señora mayor, se cerraban las puertas y poco después se volvían a abrir y salía una señorita mucho más joven.

Con gran sorpresa dijo:

"Y si entro yo ahí, ¿me reconocerá después mi mujer en el pueblo?"

Una chica muy atractiva entró en la estación para pesarse en una báscula que había allí. Echó una moneda en la máquina y vio con gran sorpresa el peso que indicaba la báscula que, al parecer, era mayor del que ella esperaba. Se quitó el abrigo y volvió a echar otra moneda.

Muy sorprendida todavía, se quitó los zapatos, puso el bolso al lado y de nuevo echó una moneda. Una vez más, sorprendida, empezó a buscar una moneda en su bolso, pero ya no tenía más monedas y la joven empezó a ponerse nerviosa.

Un hombre que estaba mirándola se acercó rápidamente con una moneda en la mano y le dijo: "Siga usted insistiendo, señorita, todo mi dinero está a su disposición."

Un día el señor Rodríguez fue a hablar con el profesor de su hijo porque éste había recibido una nota muy mala en un examen. El profesor escuchó atentamente las protestas del padre y finalmente dijo:
– El ejercicio de su hijo es igual al de su compañero de al lado.
– !Bah! – responde el padre – ¿y no será que el compañero ha copiado el ejercicio de mi hijo?
– No, señor. El ejercicio tenía diez preguntas. En las nueve primeras las respuestas de ambos son iguales en todo detalle. Pero en la décima pregunta, el otro chico escribió: "No la sé".
Y su hijo escribió: "Ni yo tampoco".

– ¡Esto es el colmo, Juanito! – dice un padre muy enfadado a su hijo. El mes pasado eras el penúltimo de la clase y este mes eres el último. Vas de mal en peor. ¿Cómo es posible? ¡Explícame el porqué!
– Pero, papá, ¿qué culpa tengo yo si Rigoberto, que era el último de la clase, está desde hace un mes enfermo?

Un campesino gallego que está a punto de morirse le dice al médico que le visita:
– Doctor, si me cura le regalo la mejor vaca que tengo.
Después de unas semanas el médico encuentra al paciente en la calle y le dice:
– Como veo que ya está mejor, le recuerdo que prometió regalarme su mejor vaca si le curaba.
– ¡No me diga! ¡Ay! ¡Pero qué malito debía de estar yo!

Übersetzungsmöglichkeiten von **poner(se)**

ponerse + Kleidungsstücke	sich anziehen
ponerse de acuerdo (sobre)	sich einigen (über)
ponerse a + Verb im Infinitiv	beginnen zu
ponerse nervioso, -a	nervös werden
ponerse triste / contento, -a	traurig/fröhlich werden
ponerse de mal humor	schlechte Laune bekommen
ponerse en camino	sich auf den Weg machen
ponerse bueno/malo	gesund/krank werden
poner un telegrama	ein Telegramm aufgeben
poner una inyección	eine Injektion machen
poner gasolina	tanken
poner algo de su parte	das Seinige tun
poner el reloj en hora	die Uhr einstellen
Póngame con ...	Verbinden Sie mich mit ...
¡No te pongas así!	Stell dich nicht so an!
¿Qué pone aquí?	Was steht hier?

Übersetzungsmöglichkeiten von **quitar(se)**

quitarse + Kleidungsstücke	ausziehen, ablegen
quitarse + el sombrero, las gafas	den Hut, die Brille abnehmen
quitar	nehmen, wegnehmen
quitar la mesa	den Tisch abdecken
Quítate de ahí/de en medio.	Mach, dass du wegkommst.
Se me ha quitado un peso de encima.	Mir ist ein Stein vom Herzen gefallen.
Me quita Ud. la palabra de la boca.	Sie nehmen mir das Wort aus dem Munde.
Se me han quitado las ganas.	Mir ist die Lust vergangen.

Español Actual – Lehrbuch 1 © FELDHAUS VERLAG, Hamburg

Plusquamperfekt   **Pretérito pluscuamperfecto**

Das Plusquamperfekt wird mit dem **Imperfekt von haber** und dem
Partizip Perfekt gebildet.

había	comido	ich hatte gegessen
habías	tomado	du hattest genommen
había	vuelto	er/sie/es war zurückgekommen
habíamos	trabajado	wir hatten gearbeitet
habíais	comprado	ihr hattet gekauft
habían	dicho	sie hatten gesagt

Anwendung des Plusquamperfekts

Mit dieser Zeit drückt man eine **Handlung** aus, die bereits **beendet war**,
als eine neue Handlung einsetzte.

Comí todo lo que me había preparado mi madre.	Ich aß alles, was meine Mutter für mich vorbereitet hatte.

Seguir + gerundio

Mit **seguir + gerundio** wird das **Nichtaussetzen** bzw. **die Forsetzung** einer
Handlung oder eines **Vorgangs** ausgedrückt.

Sigue lloviendo.	Es regnet immer noch.
Siguió insistiendo.	Er/sie versuchte es weiter.
Siga leyendo.	Lesen Sie weiter.
Sigo estudiando español.	Ich lerne immer noch Spanisch.

120 KILOS DIVIDIDO ENTRE TRES000

El turismo en España

En treinta años, entre 1950 y 1980, el número de turistas que visitó España se multiplicó por 50 y el de divisas por 400. Durante años el número de turistas fue igual al de habitantes del país: 34 millones. En 1981 hubo 40 millones, 2 millones más que habitantes. En 2004 pasarán de 53 millones, o sea 10 millones más que la población actual de España.

España, con casi 5.000 kilómetros lineales de costa y 50.000 km² de terreno montañoso, tiene rincones pintorescos para satisfacer ampliamente los gustos de millones de personas. Pero las playas del Mediterráneo son los destinos más frecuentados por los turistas, tanto nacionales como extranjeros.

Las Islas Baleares reciben la mayoría del turismo extranjero. Las siguen Cataluña, Valencia y Andalucía.

El turismo británico prefiere las Islas Baleares y la Costa del Sol; los alemanes, las Islas Canarias; los norteamericanos, Andalucía, y los suecos, Alicante. Los italianos son los más interesados en la cultura y en los monumentos. Galicia y Asturias, que durante largos años habían tenido sólo turismo nacional, reciben últimamente un gran número de pensionistas extranjeros que huyen de las grandes aglomeraciones costeras.

El turismo nacional tiene una gran importancia en el país ya que representa más del 30% del turismo total. A pesar de ello, los españoles son, dentro de los países de la Unión Europea, uno de los pueblos que menos practica el turismo en el propio país y hacia el extranjero. En 1985 sólo el 46% de los españoles hizo desplazamientos turísticos, porcentaje muy inferior al 65% de los nórdicos y centroeuropeos.

Español Actual – Lehrbuch 1 © FELDHAUS VERLAG, Hamburg

El turismo genera hoy el 12% del producto interior bruto español y el 11% de los puestos de trabajo y es, sin lugar a dudas, uno de los factores principales de financiación del crecimiento económico español. En Cataluña y Valencia el dinero del turismo se invirtió en gran parte en la industria; no pasó lo mismo en Andalucía, donde se invirtió principalmente en la construcción. Durante los años del gran "boom" turístico, la mano de obra excedente de la agricultura huyó del campo a las ciudades para trabajar en la construcción.

En el desarrollo turístico de la Costa Brava, de la costa valenciana y de las Islas Baleares y Canarias han tenido gran importancia los andaluces, que han sido una mano de obra barata que sólo se necesitaba pagar durante una temporada.

Una gran parte de las ganancias del turismo queda en manos de los extranjeros, principalmente en las Islas Canarias y Baleares ya que la mayoría de los hoteles, urbanizaciones turísticas y negocios pertenecen a los extranjeros.

Otro aspecto negativo muy importante del turismo en España es la destrucción del paisaje y del medio ambiente. En casi toda la costa del este y una parte del sur hay una verdadera muralla de cemento que tapa el paisaje y lo destruye. La contaminación del agua en algunas playas es tan grande que, en ocasiones, es peligroso bañarse en muchas de ellas. También el turismo de masas cambia las costumbres y tradiciones de los habitantes del país receptor.

30

La emigración

Entre 1920 y 1970, más de 4 millones de españoles emigraron por motivos económicos a América y a otros países de Europa. La mayoría de los españoles que emigraron eran campesinos sin tierra y obreros sin trabajo.

Actualmente, el panorama ha cambiado. Hoy, España misma se ha convertido en destino de la emigración. Por cada dos españoles que viven en el extranjero – unos 2 millones en 2001 – hay ya un emigrante legalizado en España. Entretanto, el número de emigrantes ilegales aumenta de continuo. Esta emigración procede principalmente de Latinoamérica, África, Europa Central y Europa del Este.

La situación de los emigrantes en los países receptores de Europa no es siempre fácil. La mayoría de ellos no habla el idioma del país. Acostumbrarse a una nueva mentalidad y costumbres es muy difícil. Los habitantes de los países receptores tampoco los ayudan mucho a integrarse. Los extranjeros, con frecuencia, están considerados como personas de "segunda categoría".

En Alemania sólo aproximadamente la mitad de los extranjeros tiene contacto con alemanes, y de los casados sólo muy pocos tienen cónyuges alemanes. Además, muchos propietarios alemanes no aceptan extranjeros en sus viviendas; debido a ello, encontrar piso es un gran problema para los emigrantes. Muchos viven en barrios de gran concentración de extranjeros, por lo que la integración es muy difícil.

En Alemania hay aproximadamente 7,4 millones de extranjeros. Muchos niños extranjeros están completamente aislados ya que pasan sus horas libres con la familia, en vez de jugar con otros niños. Así no pueden aprender el idioma correctamente, factor muy importante para poder incorporarse después al mundo laboral. Los jóvenes tienen desde hace años grandes dificultades en encontrar un puesto de trabajo. Además, la inseguridad en cuanto a su permanencia en Alemania es muy grande. Debido a todo esto, los hijos de los emigrantes tienen a veces incluso más problemas que sus padres.

Español Actual – Lehrbuch 1 © FELDHAUS VERLAG, Hamburg

Die Präpositionen **por** und **para**

Para (für, nach, um zu, usw.) drückt aus:

Zweck

Necesito dinero para mis estudios.	Ich brauche Geld für mein Studium.
Las vacaciones son para descansar.	Der Urlaub ist zum Erholen da.

Bestimmung

Este regalo es para ti.	Dieses Geschenk ist für dich.

Termin (zukünftiges Datum oder in der Zukunft liegender Zeitraum)

La reunión se ha aplazado para el miércoles.	Man hat die Versammlung auf Mittwoch vertagt.
Desearía una habitación para tres días.	Ich hätte gerne ein Zimmer für drei Tage.
Faltan quince días para las vacaciones.	Es fehlen noch fünfzehn Tage bis zum Urlaub.

Absicht

Lo hace para molestarme.	Er tut es, um mich zu belästigen (stören).

Ziel (mit Verben der Bewegung)

Salimos para Barcelona mañana.	Wir reisen morgen nach Barcelona.
Ya han partido para su ciudad.	Sie sind schon nach Hause gefahren.

Persönliche Meinung, Standpunkt, Ansicht

Para mí esto no es importante.	Für mich ist das nicht wichtig.
Para Enrique esto es lo más interesante.	Das ist für Enrique das Interessanteste.

Verhältnis, Vergleich

Está muy joven para su edad.	Er sieht für sein Alter sehr jung aus.
Gana poco para lo que trabaja.	Für das, was er arbeitet, verdient er wenig.

Um zu

Comemos para vivir; algunos viven para comer.	Wir essen, um zu leben; einige leben, um zu essen.

Por (für, durch, aus, von an, über, wegen) drückt aus:

Ursache

¿Por qué no vienes a la fiesta?	Warum kommst du nicht zum Fest?
Por falta de tiempo.	Aus Zeitmangel.

Beweggrund

Lo hace sólo por ti.	Er macht es nur deinetwegen.

Mittel (Art und Weise)

Te llamaré por teléfono.	Ich werde dich anrufen.
Te lo enviaré por avión.	Ich werde es dir per Luftpost schicken.

Ungenaue Zeitangabe

por la mañana	vormittags
por la tarde	nachmittags
por aquel entonces	damals

Urheber beim Passiv

El Escorial fue construido por orden de Felipe II.	El Escorial wurde im Auftrag von Philipp II. gebaut.

Kaufpreis, Kaufobjekt

Ha vendido la casa por quinientos mil euros.	Er hat das Haus für 500.000 Euro verkauft.
Te cambio mi coche por el tuyo.	Ich tausche mein Auto gegen deines.

Ungenaue Ortsangaben

He hecho un viaje por Europa.	Ich habe eine Reise durch Europa gemacht.
He paseado por el jardín.	Ich bin im Garten spazieren gegangen.

Idiomatische Ausdrücke

por casualidad	rein zufällig
por lo general	im Allgemeinen
por lo visto	anscheinend
por si acaso	für alle Fälle, falls
por fin	endlich
por último	zuletzt, letzten Endes
por lo demás	übrigens

Anhang

Die Konjugation der Verben

Regelmäßige Verben

1. Verben auf -ar

Infinitiv: **tomar,** haber tomado

Präsens	Imperfekt	Indefinido	Futur	Konditional
tomo	tomaba	tomé	tomaré	tomaría
tomas	tomabas	tomaste	tomarás	tomarías
toma	tomaba	tomó	tomará	tomaría
tomamos	tomábamos	tomamos	tomaremos	tomaríamos
tomáis	tomabais	tomasteis	tomaréis	tomaríais
toman	tomaban	tomaron	tomarán	tomarían

Perfekt		Plusquamperfekt	
he	tomado	había	tomado
has	tomado	habías	tomado
ha	tomado	había	tomado
hemos	tomado	habíamos	tomado
habéis	tomado	habíais	tomado
han	tomado	habían	tomado

2. Verben auf -er

Infinitiv: **comer,** haber comido

Präsens	Imperfekt	Indefinido	Futur	Konditional
como	comía	comí	comeré	comería
comes	comías	comiste	comerás	comerías
come	comía	comió	comerá	comería
comemos	comíamos	comimos	comeremos	comeríamos
coméis	comíais	comisteis	comeréis	cemeríais
comen	comían	comieron	comerán	comerían

Perfekt		Plusquamperfekt	
he	comido	había	comido
has	comido	habías	comido
ha	comido	había	comido
hemos	comido	habíamos	comido
habéis	comido	habíais	comido
han	comido	habían	comido

Español Actual – Lehrbuch 1 © FELDHAUS VERLAG, Hamburg

3. Verben auf -ir

Infinitiv: **vivir,** haber vivido

Präsens	Imperfekt	Indefinido	Futur	Konditional
vivo	vivía	viví	viviré	viviría
vives	vivías	viviste	vivirás	vivirías
vive	vivía	vivió	vivirá	viviría
vivimos	vivíamos	vivimos	viviremos	viviríamos
vivís	vivíais	vivisteis	viviréis	viviríais
viven	vivían	vivieron	vivirán	vivirían

Perfekt		Plusquamperfekt	
he	vivido	había	vivido
has	vivido	habías	vivido
ha	vivido	había	vivido
hemos	vivido	habíamos	vivido
habéis	vivido	habíais	vivido
han	vivido	habían	vivido

Unregelmäßige Verben – Gruppenverben

Einige Verben verändern den Stammvokal, wenn bei der Konjugation die Betonung auf den Wortstamm fällt. Die Endungen bleiben aber regelmäßig.

Gruppe e → ie

cerrar	querer	preferir
cierro	quiero	prefiero
cierras	quieres	prefieres
cierra	quiere	prefiere
cerramos	queremos	preferimos
cerráis	queréis	preferís
cierran	quieren	prefieren

Gruppe o → ue

Gruppe e → i

probar	poder	dormir	pedir
pruebo	puedo	duermo	pido
pruebas	puedes	duermes	pides
prueba	puede	duerme	pide
probamos	podemos	dormimos	pedimos
probáis	podéis	dormís	pedís
prueban	pueden	duermen	piden

Die Konjugation der Verben

Die wichtigsten unregelmäßigen Verben

dar   geben

Präsens	Imperfekt	Indefinido	Futur	Konditional		
doy	daba	di	daré	daría		
das	dabas	diste	darás	darías	**Partizip:**	dado
da	daba	dio	dará	daría	**Imperativ:**	da (tú)
damos	dábamos	dimos	daremos	daríamos		dé (Ud.)
dais	dabais	disteis	daréis	daríais		den (Uds.)
dan	daban	dieron	darán	darían	**Gerundium:**	dando

decir   sagen

Präsens	Imperfekt	Indefinido	Futur	Konditional		
digo	decía	dije	diré	diría		
dices	decías	dijiste	dirás	dirías	**Partizip:**	dicho
dice	decía	dijo	dirá	diría	**Imperativ:**	di (tú)
decimos	decíamos	dijimos	diremos	diríamos		diga (Ud.)
decís	decíais	dijisteis	diréis	diríais		digan (Uds.)
dicen	decían	dijeron	dirán	dirían	**Gerundium:**	diciendo

estar   sein, sich befinden

Präsens	Imperfekt	Indefinido	Futur	Konditional		
estoy	estaba	estuve	estaré	estaría		
estás	estabas	estuviste	estarás	estarías	**Partizip:**	estado
está	estaba	estuvo	estará	estaría	**Imperativ:**	está (tú)
estamos	estábamos	estuvimos	estaremos	estaríamos		esté (Ud.)
estáis	estabais	estuvisteis	estaréis	estaríais		estén (Uds.)
están	estaban	estuvieron	estarán	estarían	**Gerundium:**	estando

haber   haben (Hilfsverb)

Präsens	Imperfekt	Indefinido	Futur	Konditional		
he	había	hube	habré	habría		
has	habías	hubiste	habrás	habrías		
ha	había	hubo	habrá	habría		
hemos	habíamos	hubimos	habremos	habríamos		
habéis	habíais	hubisteis	habréis	habríais	**Partizip:**	habido
han	habían	hubieron	habrán	habrían	**Gerundium:**	habiendo

hacer   machen, tun

Präsens	Imperfekt	Indefinido	Futur	Konditional		
hago	hacía	hice	haré	haría		
haces	hacías	hiciste	harás	harías	**Partizip:**	hecho
hace	hacía	hizo	hará	haría	**Imperativ:**	haz (tú)
hacemos	hacíamos	hicimos	haremos	haríamos		haga (Ud.)
hacéis	hacíais	hicisteis	haréis	haríais		hagan (Uds.)
hacen	hacían	hicieron	harán	harían	**Gerundium:**	haciendo

Español Actual – Lehrbuch 1 © FELDHAUS VERLAG, Hamburg

ir   gehen

Präsens	Imperfekt	Indefinido	Futur	Konditional		
voy	iba	fui	iré	iría		
vas	ibas	fuiste	irás	irías	**Partizip:**	ido
va	iba	fue	irá	iría	**Imperativ:**	ve (tú)
vamos	íbamos	fuimos	iremos	iríamos		vaya (Ud.)
vais	ibais	fuisteis	iréis	iríais		vayan (Uds.)
van	iban	fueron	irán	irían	**Gerundium:**	yendo

poder   können

Präsens	Imperfekt	Indefinido	Futur	Konditional		
puedo	podía	pude	podré	podría		
puedes	podías	pudiste	podrás	podrías		
puede	podías	pudo	podrá	podría		
podemos	podíamos	pudimos	podremos	podríamos		
podéis	podíais	pudisteis	podréis	podríais	**Partizip:**	podido
pueden	podían	pudieron	podrán	podrían	**Gerundium:**	pudiendo

poner   setzen, stellen, legen

Präsens	Imperfekt	Indefinido	Futur	Konditional		
pongo	ponía	puse	pondré	pondría		
pones	ponías	pusiste	pondrás	pondrías	**Partizip:**	puesto
pone	ponía	puso	pondrá	pondría	**Imperativ:**	pon (tú)
ponemos	poníamos	pusimos	pondremos	pondríamos		ponga (Ud.)
ponéis	poníais	pusisteis	pondréis	pondríais		pongan (Uds.)
ponen	ponían	pusieron	pondrán	pondrían	**Gerundium:**	poniendo

querer   wollen, lieben

Präsens	Imperfekt	Indefinido	Futur	Konditional		
quiero	quería	quise	querré	querría		
quieres	querías	quisiste	querrás	querrías	**Partizip:**	querido
quiere	quería	quiso	querrá	querría	**Imperativ:**	quiere (tú)
queremos	queríamos	quisimos	querremos	querríamos		quiera (Ud.)
queréis	queríais	quisisteis	querréis	querríais		quieran (Uds.)
quieren	querían	quisieron	querrán	querrían	**Gerundium:**	queriendo

saber   wissen, können

Präsens	Imperfekt	Indefinido	Futur	Konditional		
sé	sabía	supe	sabré	sabría		
sabes	sabías	supiste	sabrás	sabrías	**Partizip:**	sabido
sabe	sabía	supo	sabrá	sabría	**Imperativ:**	sabe (tú)
sabemos	sabíamos	supimos	sabremos	sabríamos		sepa (Ud.)
sabéis	sabíais	supisteis	sabréis	sabríais		sepan (Uds.)
saben	sabían	supieron	sabrán	sabrían	**Gerundium:**	sabiendo

Die Konjugation der Verben

salir ausgehen, hinausgehen

Präsens	Imperfekt	Indefinido	Futur	Konditional		
salgo	salía	salí	saldré	saldría	**Partizip:**	salido
sales	salías	saliste	saldrás	saldrías	**Imperativ:**	sal (tú)
sale	salía	salió	saldrá	saldría		salga (Ud.)
salimos	salíamos	salimos	saldremos	saldríamos		salgan (Uds.)
salís	salíais	salisteis	saldréis	saldríais		
salen	salían	salieron	saldrán	saldrían	**Gerundium:**	saliendo

ser sein

Präsens	Imperfekt	Indefinido	Futur	Konditional		
soy	era	fui	seré	sería	**Partizip:**	sido
eres	eras	fuiste	serás	serías	**Imperativ:**	sé (tú)
es	era	fue	será	sería		sea (Ud.)
somos	éramos	fuimos	seremos	seríamos		sean (Uds.)
sois	erais	fuisteis	seréis	seríais		
son	eran	fueron	serán	serían	**Gerundium:**	siendo

tener haben, besitzen

Präsens	Imperfekt	Indefinido	Futur	Konditional		
tengo	tenía	tuve	tendré	tendría	**Partizip:**	tenido
tienes	tenías	tuviste	tendrás	tendrías	**Imperativ:**	ten (tú)
tiene	tenía	tuvo	tendrá	tendría		tenga (Ud.)
tenemos	teníamos	tuvimos	tendremos	tendríamos		tengan (Uds.)
tenéis	teníais	tuvisteis	tendréis	tendríais		
tienen	tenían	tuvieron	tendrán	tendrían	**Gerundium:**	teniendo

traer (her)bringen

Präsens	Imperfekt	Indefindo	Futur	Konditional		
traigo	traía	traje	traeré	traería	**Partizip:**	traído
traes	traías	trajiste	traerás	traerías	**Imperativ:**	trae (tú)
trae	traía	trajo	traerá	traería		traiga (Ud.)
traemos	traíamos	trajimos	traeremos	traeríamos		traigan (Uds.)
traéis	traíais	trajisteis	traeréis	traeríais		
traen	traían	trajeron	traerán	traerían	**Gerundium:**	trayendo

venir kommen

Präsens	Imperfekt	Indefinido	Futur	Konditional		
vengo	venía	vine	vendré	vendría	**Partizip:**	venido
vienes	venías	viniste	vendrás	vendrías	**Imperativ:**	ven (tú)
viene	venía	vino	vendrá	vendría		venga (Ud.)
venimos	veníamos	vinimos	vendremos	vendríamos		vengan (Uds.)
venís	veníais	vinisteis	vendréis	vendríais		
vienen	venían	vinieron	vendrán	vendrían	**Gerundium:**	viniendo

Español Actual – Lehrbuch 1 © FELDHAUS VERLAG, Hamburg

0	cero	32	treinta y dos
1	uno (un, una)	40	cuarenta
2	dos	41	cuarenta y uno
3	tres	50	cincuenta
4	cuatro	60	sesenta
5	cinco	70	setenta
6	seis	80	ochenta
7	siete	90	noventa
8	ocho	100	cien (ciento)
9	nueve	101	ciento uno
10	diez	130	ciento treinta
11	once	200	doscientos/as
12	doce	300	trescientos/as
13	trece	400	cuatrocientos/as
14	catorce	500	quinientos/as
15	quince	600	seiscientos/as
16	diez y seis/dieciséis	700	setecientos/as
17	diez y siete/diecisiete	800	ochocientos/as
18	diez y ocho/dieciocho	900	novecientos/as
19	diez y nueve/diecinueve	1.000	mil
20	veinte	1.001	mil uno/una
21	veintiuno	1.500	mil quinientos/as
22	veintidós	2.000	dos mil
23	veintitrés	10.000	diez mil
29	veintinueve	100.000	cien mil
30	treinta	1.000.000	un millón (de)
31	treinta y uno	1.000.000.000	mil millones (de)

Vor **männlichen** Substantiven verwandelt sich **uno** in **un**: un libro.
Ciento wird zu **cien**, wenn ein **Substantiv** oder eine **größere Zahl folgt**: cien libros, cien mil libros.

Die Hunderter ab 200 richten sich nach dem Geschlecht des folgenden Substantivs: doscientos euros; doscientas personas.

Die Konjunktion **y** steht nur zwischen Zehnern und Einern.

Zwischen **millón** und dem folgenden Substantiv steht immer die Präposition **de**: un millón de euros.

Was sagt man im Spanischen?

1. Wenn Sie jemanden grüßen

¡Hola! ¿Qué tal?	Hallo, wie geht's?
Bien, gracias, ¿y tú?	Gut, danke, und dir?
¿Cómo estás?	Wie geht es dir?
¿Cómo está usted?	Wie geht es Ihnen?

2. Wenn Sie jemandem Grüße ausrichten wollen

Saluda a Juan de mi parte.	Grüß Juan von mir.
Salude al señor Pérez de mi parte.	Grüßen Sie Herrn Pérez von mir.
(Da) recuerdos a Teresa.	Grüße an Teresa.
Recuerdos de Pedro.	Grüße von Pedro.

3. Wenn Sie sich entschuldigen möchten

Lo siento.	Es tut mir leid.
Perdone usted./Perdón.	Entschuldigen Sie./Entschuldigung.
No importa.	Es macht nichts.

4. Wenn Sie jemanden vorstellen

Le presento a ...	Darf ich Ihnen ... vorstellen.
Mucho gusto.	Sehr gern.
El gusto es mío.	Ganz meinerseits.
Encantado, -a.	Sehr erfreut.
Me alegro mucho de conocerle.	Ich freue mich sehr, Sie kennenzulernen.

5. Wenn Sie „viel Spaß"/„gute Besserung" wünschen möchten

¡Que te diviertas/se divierta!	Viel Spaß!
¡Que te lo pases/se lo pase bien!	Viel Spaß!
¡Que te vaya/le vaya bien!	Alles Gute!
¡Que te mejores/se mejore!	Gute Besserung!
¡Que descanses/descanse!	Angenehme Ruhe!

6. Wenn Sie etwas nicht verstehen oder etwas erfahren möchten

¿Cómo se escribe la palabra ...?	Wie schreibt man das Wort ...?
¿Cómo se dice en español ...?	Wie sagt man in Spanisch ...?
¿Qué quiere decir/significa ...?	Was bedeutet ...?
Hable más alto, por favor.	Sprechen Sie bitte lauter.
Hable más despacio, por favor.	Sprechen Sie bitte langsamer.
¿Puede repetir, por favor?	Können Sie bitte wiederholen?

Español Actual – Lehrbuch 1 © FELDHAUS VERLAG, Hamburg

7. Wenn Sie etwas suchen

¿Me podría decir dónde está ...?	Könnten Sie mir bitte sagen, wo ... liegt?
¿Cómo se va a ...?	Wie kommt man zu (nach) ...?

8. Wenn Sie bezahlen möchten

¿Cuánto es?	Wie viel macht das bitte?
¿Me podría traer la cuenta?	Könnten Sie mir die Rechnung bringen?
¡Prepáreme la cuenta, por favor!	Die Rechnung bitte! (z. B. im Hotel)

9. Wenn Sie Freude/Ärger empfinden

¡Qué alegría!	Welche Freude!
¡Qué sorpresa!	Welche Überraschung!
¡Qué bien!	Wie schön/gut.
¡Qué suerte!	Welch ein Glück!
¡Qué mala suerte!	Welch ein Pech!
¡Qué pena/lástima!	Wie Schade!
¡Qué horroroso!	Wie fürchterlich!

10. Wenn Sie beim Friseur sind

¿Qué se va a hacer?	Was soll es sein?
Lavar y marcar, por favor.	Waschen und legen, bitte.
Deseo hacerme una permanente.	Ich möchte mir eine Dauerwelle machen lassen.
¿Me puede cortar un poco las puntas?	Können Sie mir die Spitzen schneiden?

11. Wenn Sie einen Brief schreiben

Querido, -a ...:	Liebe(r) ...!
Saludos	Grüße
Besos	Küsse
Distinguido Sr. X:	Sehr geehrter Herr X!
Muy Sr. mío:	Sehr geehrter Herr!
Atentamente	Hochachtungsvoll
Le saluda atentamente	Mit freundlichen Grüßen

12. Wenn Sie eine Vermutung ausdrücken möchten

Supongo que ...	Ich nehme an, dass ...
Me imagino que ...	Ich stelle mir vor, dass ...
Creo que ...	Ich glaube, dass ...
Me parece que ...	Es scheint mir, dass ...
Puede/podría ser que ...	Es kann/könnte sein, dass ...
Es posible (que) ...	Es ist möglich, (dass) ...
quizá(s)/tal vez/a lo mejor	vielleicht

Wörter, die Sie oft benötigen

Interrogativpronomen

qué	was	cuánto	wie viel
quién	wer	cuánto tiempo	wie lange
a quién	wem / wen	cuándo	wann
cómo	wie	por qué	warum
dónde	wo	a qué hora	um wie viel Uhr
de dónde	woher	adónde	wohin

Andere Wörter

siempre	immer
nunca	nie, niemals
también	auch
tampoco	auch nicht
a veces	manchmal
de vez en cuando	ab und zu
ya	schon
ya no	nicht mehr
casi	fast
demasiado	zu, zu viel
a causa de / debido a	wegen
por eso / por ello	deshalb, deswegen
aunque	obwohl
durante + sustantivo	während
mientras + verbo	während
entonces	dann
pues	denn
sin embargo	trotzdem
no obstante	jedoch

Español Actual – Lehrbuch 1 © FELDHAUS VERLAG, Hamburg

Grammatische Fachausdrücke und ihre Bedeutung

Adjektiv	Eigenschaftswort
Adverb	Umstandswort
Nominativ	1. Fall (Werfall)
Genitiv	2. Fall (Wesfall)
Dativ	3. Fall (Wemfall)
Akkusativ	4. Fall (Wenfall)
Deklination	Beugung des Hauptwortes
Demonstrativpronomen	hinweisendes Fürwort
Diphthong	Doppellaut
Femininum	weibliches Geschlecht
Futur	Zukunft (-sform)
Imperativ	Befehlsform
Imperfekt	Vergangenheitsform
Indefinitpronomen	unbestimmtes Fürwort
Indikativ	Wirklichkeitsform
Infinitiv	Grundform
Interrogativpronomen	Fragefürwort
Komparativ	1. Steigerungsstufe
Superlativ	2. Steigerungsstufe
Konditional	Bedingungsform
Konjunktion	Bindewort
Konjunktiv	Möglichkeitsform
Konsonant	Mitlaut
Masculinum	männliches Geschlecht
Neutrum	sächliches Geschlecht
Partizip	Mittelwort
Passiv	Leideform
Perfekt	vollendete Gegenwart
Personalpronomen	persönliches Fürwort
Plural	Mehrzahl
Plusquamperfekt	Vorvergangenheit
Possessivpronomen	besitzanzeigendes Fürwort
Präposition	Verhältniswort
Präsens	Gegenwart
Reflexivpronomen	rückbezügliches Fürwort
Relativpronomen	bezügliches Fürwort
Substantiv	Hauptwort
Verb	Zeitwort
Vokal	Selbstlaut

Sachregister zur Grammatik

Español Actual – Lehrbuch 1 © FELDHAUS VERLAG, Hamburg

Vokabelverzeichnis (Spanisch – Deutsch)

A

a causa de   *wegen, aufgrund*
a cualquier hora   *jederzeit*
a cualquiera   *jedem*
a eso de las once   *gegen 11 Uhr*
a la derecha   *rechts*
a la izquierda   *links*
a la vez   *gleichzeitig, zugleich*
a menos que   *es sei denn*
¿A qué te dedicas?   *Was machst du beruflich?*
a ti   *dir*
¡A tu salud!   *Auf dein Wohl!*
a veces   *manchmal*
a ver   *nun, wollen wir sehen*
el **abrigo**   *der Mantel*
abril   *April*
En **abril, aguas mil.**   *April, April, macht was er will.*
abrir   *öffnen, aufmachen*
absolutamente nada   *absolut nichts*
la **abuela**   *die Großmutter*
el **abuelo**   *der Großvater*
los **abuelos**   *die Großeltern*
¡Qué aburrido!   *Wie langweilig!*
acabar   *beenden*
acabar de + infinitivo   *gerade etwas beendet haben*
acercarse   *sich nähern*
acertar   *erraten*
acompañar   *begleiten*
acordarse   *sich erinnern*
acostarse   *ins Bett gehen*
acostumbrarse (a)   *sich gewöhnen (an)*
en la **actualidad**   *heute, zur Zeit*
actualmente   *zur Zeit*
adelgazar   *abnehmen*
además   *außerdem*
admitir   *aufnehmen, zulassen*
el **aduanero**   *der Zollbeamte*
el **aeropuerto**   *der Flughafen*
el **afeitado**   *die Rasur*
afeitarse   *sich rasieren*
afortunadamente   *glücklicherweise*
la **aglomeración**   *die Menschenmenge*
agosto   *August*
la **Agronomía**   *die Agrarwissenschaft*
el **agua (caliente)**   *(warmes) Wasser*
agua de Lourdes   *Weihwasser aus Lourdes*
debajo del **agua**   *unter Wasser*
ahora   *jetzt*
ahora mismo   *sofort, gleich*
aislado, -a   *isoliert*
al + Infinitiv (= cuando)   *als*
al día siguiente   *am folgenden Tag*
al lado de   *neben*
al llegar   *bei der Ankunft*
al mismo tiempo   *gleichzeitig*
al parecer   *anscheinend*
al ver (=cuando vio)   *als er sah*
alegrarse (de)   *sich freuen (über/auf)*
me **alegraría**   *ich würde mich freuen*
alegre   *fröhlich*
alejada, -o   *entfernt*
(el) **alemán**   *Deutsch (auch der Deutsche)*
Alemania   *Deutschland*

algo más   *noch etwas (etwas mehr)*
el **algodón**   *die Baumwolle*
algunas   *einige*
allí   *dort*
el **almacén**   *das Lager*
los **almacenes**   *das Einkaufszentrum*
el **alquiler**   *die Miete*
los **alrededores**   *die Umgebung*
el **altavoz**   *der Lautsprecher*
alto, -a   *hoch, groß*
la **altura**   *die Höhe, hoch*
el **alumno, -a**   *der Schüler, die Schülerin*
el **ama de casa**   *die Hausfrau*
amable   *freundlich*
amarillo, -a   *gelb*
ambos   *beide*
la **amiga**   *die Freundin*
el **amigo**   *der Freund*
ampliamente   *reichlich, ausführlich*
el **anciano, -a**   *der, die Alte*
andar   *laufen, gehen*
¡anda!   *komm!*
el **andén**   *der Bahnsteig*
el **aniversario**   *der Jahrestag*
Feliz **Año Nuevo.**   *Gutes Neues Jahr.*
el **año**   *das Jahr*
este **año**   *dieses Jahr*
cada **año/todos los años**   *jedes Jahr*
durante **años**   *jahrelang*
lo **antes posible**   *sobald wie möglich*
un poco **antes**   *etwas früher*
antiguo, -a   *alt, antik*
anual   *jährlich*
anunciar   *ankündigen*
apagar   *ausmachen*
aparcar   *parken*
apenas   *kaum*
el **apéndice**   *der Blinddarm*
apetecer   *Lust auf etwas haben*
apostar   *wetten*
apoyar   *unterstützen*
aprender   *lernen*
aprovechar la ocasión   *die Gelegenheit nutzen*
¡Que aproveche!   *Guten Appetit!*
hacer una **apuesta**   *wetten, eine Wette machen*
aquí   *hier*
aquí tiene   *hier haben Sie*
el **árbol**   *der Baum*
arder en llamas   *in Flammen aufgehen*
el **arlequín**   *der Harlekin*
arreglar   *reparieren*
el **ascensor**   *der Aufzug*
así   *so*
asomarse a la ventanilla   *aus dem Fenster hinauslehnen*
atemorizar   *beängstigen, Angst machen*
¡Atención!   *Achtung!*
atender (e → ie)   *bedienen*
Atentamente   *Hochachtungsvoll*
¡Atiza!   *Hoppla!*
aumentar   *vergrößern*
el **aumento de la criminalidad**   *das Ansteigen der Kriminalität*
la **autopista**   *die Autobahn*
ayudar   *helfen*

el **Ayuntamiento**   *das Rathaus, Stadtverwaltung*
la **azafata**   *die Stewardess*
azul claro/cielo   *hellblau, himmelblau*
azul oscuro/marino   *dunkelblau*

B

bailar   *tanzen*
el **baile**   *der Tanz*
bajar(se) del tren   *aussteigen*
bajo, -a   *niedrig, gering, klein*
con **baño**   *mit Bad*
barato, -a   *billig*
la **barra**   *die Theke*
el **barrio**   *das Stadtviertel*
basarse en   *beruhen auf*
la **báscula**   *die Waage*
el **bastón**   *der Knüppel, Stock*
beber   *trinken*
para **beber**   *zu trinken*
bella, -o   *schön*
Besos y abrazos   *Küsse und Umarmungen*
¡Qué bien!   *Toll/prima!*
muy **bien/mal**   *sehr gut/schlecht*
el **billete**   *die Fahrkarte*
la **Biología**   *die Biologie*
blanco, -a   *weiß*
en **blanco**   *(hier): unbeschrieben*
la **blusa**   *die Bluse*
la **boca**   *der Mund*
el **bocadillo**   *das belegte Brötchen*
el **bolso**   *die Tasche*
el **borracho**   *der Betrunkene*
una **botella más**   *noch eine Flasche*
el **brazo**   *der Arm*
sé **bueno, -a**   *sei lieb, sei so gut*
buscar   *suchen*

C

la **cabina telefónica**   *die Telefonzelle*
cada **año/todos los años**   *jedes Jahr*
cada **día/todos los días**   *jeden Tag*
cada **mes/todos los meses**   *jeden Monat*
cada **semana/todas las semanas**   *jede Woche*
cada **siglo/todos los siglos**   *jedes Jahrhundert*
cada **vez**   *jedes Mal*
el **cadáver**   *die Leiche*
caerse   *herunter fallen*
la **caja**   *die Kasse, Kiste, Schachtel*
los **calcetines**   *die Socken*
la **calle**   *die Straße*
la **cámara fotográfica**   *die Fotokamara*
el **camarero**   *der Kellner*
cambiar   *wechseln*
cambiar de tren   *umsteigen*
la **camisa**   *das Hemd*
el **campesino**   *der Bauer*
la **caña de azúcar**   *das Zuckerrohr*
estar **cansado, -a**   *müde sein*
cansarse   *müde werden*
la **cara**   *das Gesicht*
¡Caramba!   *Hoppla!*
la **carencia de**   *Mangel an*
cariño   *Liebe, Liebling*

Con todo mi **cariño/amor**   *in Liebe (mit meiner ganzen Liebe)*
caro, -a   *teuer*
la **carretera**   *die Landstraße*
la **carta**   *der Brief, die Speisekarte*
los **cartones para tapices**   *die Vorlagen für die Teppiche*
la **casa**   *das Haus*
en **casa**   *zu Hause*
en **casa de**   *bei (jemandem) zu Hause sein*
ser/estar **casado, -a**   *verheiratet sein*
casarse   *heiraten, sich vermählen*
casi   *fast, nahezu*
casi siempre/nunca   *fast immer/nie*
a **causa de**   *wegen, aufgrund*
celebrar   *feiern*
los **celtas**   *die Kelten*
la **cena**   *das Abendbrot*
cenar   *zu Abend essen*
el **centeno**   *der Roggen*
el **céntimo**   *der (Euro-)Cent*
el **centro**   *das Zentrum, Landesinnere*
cerca de aquí   *hier in der Nähe*
la **cerilla**   *das Streichholz*
la **cerveza**   *das Bier*
otra **cerveza**   *noch ein Bier*
la **chaqueta**   *die Jacke*
el **chico, la chica**   *der Junge, das Mädchen*
chino   *chinesisch*
la **cicatriz**   *die Narbe*
las **Ciencias Económicas**   *die Wirtschaftswissenschaft*
el **cigarrillo**   *die Zigarette*
el **cine sonoro**   *der Tonfilm*
la **ciudad**   *die Stadt*
la **ciudad natal**   *der Geburtsort*
las **ciudades principales**   *die wichtigen (wichtigsten) Städte*
Claro que sí/no.   *Aber ja/nein.*
la **clase**   *der Unterricht, das Klassenzimmer*
el **cliente**   *der Gast, Kunde*
el **coche cama**   *der Schlafwagen*
coger   *nehmen (auch: greifen, fassen)*
¡Esto es el **colmo**!   *Das ist der Gipfel!*
el **color**   *die Farbe*
¿De qué **color (es)** ...?   *Welche Farbe (hat) ...?*
los **colores de moda/actualidad**   *die Modefarben*
comer   *essen*
se **come**   *man isst*
después de **comer**   *nach dem Essen*
después de la **comida**   *nach dem Essen*
La **comida está muy rica.**   *Das Essen schmeckt sehr gut.*
¿**cómo**?   *wie?*
¿**Cómo es que** ...?   *Wie kommt es, dass ...?*
el **compañero de al lado**   *der Nebenmann*
con pensión **completa**   *Vollpension*
comprar   *kaufen, einkaufen*
ir de **compras**   *einkaufen gehen*
comprender   *verstehen*
no **comprendo en absoluto**   *ich verstehe überhaupt nicht*
con destino a ...   *nach ...*
con el tiempo   *im Laufe der Zeit*
con mucho gusto   *sehr gerne*
con ojos muy abiertos   *mit großen Augen*
Con todo mi cariño/amor   *in Liebe (mit meiner ganzen Liebe)*
confesarse   *beichten*
conmigo   *mit mir*
conocer   *kennen, kennenlernen*
conocido, -a   *bekannt*
el **consejo**   *der Rat*
considerable   *beachtlich, erheblich*
estar **considerado (como)**   *angesehen werden (als)*
construir   *bauen*

la **consulta**   *die Sprechstunde*
la **contaminación atmosférica**   *die Umweltverschmutzung*
contar   *(er-)zählen*
contener   *beinhalten*
el **contenido**   *der Inhalt*
contento, -a   *zufrieden, froh*
contestar   *antworten, sich (am Telefon) melden*
continuar + Gerundio   *weiter machen*
continuos   *ständig*
contribuir (a)   *beitragen (zu)*
copiar   *abschreiben, kopieren*
la **corbata**   *die Krawatte*
el **cordero asado**   *der Lammbraten*
cortar   *schneiden*
cortarse el pelo   *sich die Haare schneiden lassen*
el **corte de pelo**   *der Haarschnitt*
Me está **corto/largo.**   *Es ist mir zu kurz/lang.*
unas cuantas **cositas**   *ein paar Kleinigkeiten*
la **costumbre**   *die Gewohnheit, der Brauch*
crear   *schaffen, gründen*
el **crecimiento económico**   *das Wirtschaftswachstum*
creer   *glauben*
Creo que sí/no.   *Ich glaube ja/nein.*
el **cuadro**   *das Bild*
a **cualquiera**   *jedem*
cuando   *(immer) wenn*
en **cuanto a**   *bezüglich, in bezug auf*
¿**Cuánto cuesta(n)**?   *Wie viel kostet/kosten?*
¿**Cuánto es todo**?   *Wie viel macht alles zusammen?*
¿**Cuánto es**?   *Wie viel macht das bitte?*
¡**Cuánto tiempo sin verte**!   *Lange nicht mehr gesehen!*
¿**cuánto tiempo**?   *wie lange?*
¿**Cuánto vale**?   *Wie viel kostet (es)?*
el **cuello**   *der Hals*
la **cuenta**   *die Rechnung*
¡**Cuidado**!   *Vorsicht!*
la **culpa**   *die Schuld*
¿Qué **culpa tengo yo**?   *Ist es etwa meine Schuld?*
el **cumpleaños**   *der Geburtstag*
el **cumplido**   *das Kompliment*
cumplir 22 años   *seinen 22. Geburtstag feiern/22 Jahre alt werden*
curar   *heilen*

D

dar   *geben*
dame   *gib mir*
dando unas palmadas   *indem sie in die Hände klatschten*
dar clases (de)   *unterrichten*
dar la vuelta   *umdrehen*
dar una fiesta   *ein Fest veranstalten*
darse cuenta   *merken, bemerken*
darse prisa   *sich beeilen*
de ... a   *von ... bis ...*
de acuerdo   *einverstanden*
de esta forma   *so, auf diese Weise*
de nada   *bitte schön, keine Ursache*
de nuevo   *wieder, von Neuem*
de repente   *plötzlich*
De veras/de verdad.   *Im Ernst/wirklich/es ist wahr.*
de vez en cuando   *ab und zu*
debajo de   *unter*

debajo del agua   *unter Wasser*
deber   *schulden, sollen*
deber de + infinitivo   *(drückt eine Vermutung aus)*
debería   *sollte*
debería haber llegado   *hätte ankommen sollen*
debido a   *wegen*
debido a ello   *deshalb, aus diesem Grund*
decapitar   *enthaupten*
decir   *sagen*
me han **dicho**   *man hat mir gesagt*
declarar   *verzollen*
decorar   *schmücken*
¿A qué te **dedicas**?   *Was machst du beruflich?*
el **dedo**   *der Finger*
dejar   *ausleihen, lassen (s. Gramm.)*
dejar de ...   *aufhören zu ... (s. Gramm.)*
déme   *geben Sie mir*
demostrar   *beweisen*
dentro   *drin*
el **departamento/compartimento**   *das Zugabteil*
depende   *es kommt darauf an*
Depende de usted.   *Das hängt von Ihnen ab.*
dependiente de   *abhängig von*
el **dependiente**   *der Verkäufer*
el **deporte**   *der Sport*
hacer/practicar **deporte**   *Sport treiben*
derecha   *rechts*
a la **derecha**   *rechts*
todo **derecho**   *gerade aus*
derivar(se)   *sich ableiten*
la **desaparición**   *das Aussterben, Verschwinden*
desayunar   *frühstücken*
para **desayunar**   *zum Frühstück*
descansar   *sich erholen*
sin **descanso**   *ohne Pause, ununterbrochen*
descubrir   *entdecken*
desde   *seit*
desear   *wünschen*
Deseo hablar con el Sr. X.   *Ich hätte gern Herrn X gesprochen.*
por **desgracia/desgraciadamente**   *leider*
desnudar(se)   *(sich) ausziehen*
la **despedida**   *der Abschied*
el **despertador**   *der Wecker*
despertar   *jmd. wecken*
despertarse   *aufwachen*
el **desplazamiento turístico**   *die Reise, Ortsveränderung*
despoblado, -a   *wenig bevölkert*
después   *danach*
después de comer   *nach dem Essen*
después de la comida   *nach dem Essen*
después de todo   *immerhin*
el **destello de luz**   *der Lichtstrahl*
el **destino**   *das Ziel*
con **destino a** ...   *nach ...*
la **destrucción**   *die Zerstörung*
destruir   *zerstören*
desvestirse/desnudarse   *sich ausziehen*
di(le)   *sag ihr/ihm*
el **día**   *der Tag*
al **día**   *pro Tag*
Un día es un día.   *Ein Mal ist kein Mal.*
un **día muy frío de invierno**   *eines sehr kalten Wintertages*
al **día siguiente**   *am folgenden Tag*
un **día**   *eines Tages*
todo el **día**   *den ganzen Tag*
cada **día/todos los días**   *jeden Tag/alle Tage*
Dice que sí/no.   *Er sagt ja/nein.*
me han **dicho**   *man hat mir gesagt*

diciembre *Dezember*
estar a **dieta** *Diät halten*
difícil *schwierig*
con **dificultad** *mit Schwierigkeiten*
diga *sagen Sie (Imperativ von decir)*
¡Dígame! oder ¡Diga! *Sagen Sie (mir) bzw. sprechen Sie./Hallo! (am Telefon)*
¡No me digas/diga! *Was du nicht sagst!/Was Sie nicht sagen!*
el **dinero** *das Geld*
dirigirse *sich wenden an, sich begeben nach*
los **discípulos** *die Schüler*
discutir *streiten*
disminuir *abnehmen, verringern*
estar a **disposición** *zur Verfügung stehen*
Distinguido Sr. X : *Sehr geehrter Herr X.!*
divertido, -a *lustig*
divertirse *sich amüsieren*
las **divisas** *Devisen*
ser/estar **divorciado, -a** *geschieden sein*
divorciarse *sich scheiden lassen*
doble *doppelt*
doler *Schmerzen haben*
el **dolor** *der Schmerz*
el **domingo** *der Sonntag, am Sonntag*
dormir *schlafen*
con **ducha** *mit Dusche*
ducharse *duschen*
me **duele/duelen** ..., tengo **dolor de ...** *es tut mir ... weh*
el **dueño** *der Besitzer*
durante años *jahrelang*
durar *dauern*

E

e *und (Vor Wörtern mit i- und hi-)*
echar *runterschütten, (ein-)werfen*
echar de menos *vermissen*
la **economía** *die Wirtschaft*
la **edad** *das Alter*
la **Edad Media** *das Mittelalter*
educadamente *höflich*
por **ejemplo** *zum Beispiel*
el **ejercicio** *die Übung, Klassenarbeit*
el **despertador** *der Wecker*
elegir *wählen*
ellos mismos *sie selbst*
embarcar *(ins Flugzeug) einsteigen, an Bord gehen*
la **emigración** *die Auswanderung*
la **empanada** *(Spezialität aus Galizien)*
empezar (a) *anfangen*
el **empleado** *der Angestellte*
emplear *verwenden, benutzen*
la **empresa** *das Unternehmen*
en aquel tiempo *damals*
en blanco *(hier): unbeschrieben*
en broma *im Spaß*
en casa de *bei (jemandem) zu Hause sein*
en cuanto a *bezüglich, in Bezug auf*
en el propio país *im eigenen Land*
en estas fechas *zur Zeit*
en seguida *sofort*
en general, generalmente *im Allgemeinen*
en serio *im Ernst*
en todo detalle *in jeder Hinsicht*
en vez de + sustantivo *(an)statt*
en vez de +verbo *(an)statt zu ...*
estar **enamorado** *verliebt sein*
Me **encanta.** *Ich bin begeistert, es gefällt mir außerordentlich gut.*
encantado, -a *sehr erfreut, angenehm*
encargar *beauftragen*

encender *anzünden*
enero *Januar*
enfadada, -o *böse*
enfermo, -a *krank*
enseñar *zeigen*
enterrar *begraben*
entonces *dann*
entrar (en) *eintreten (in)*
entre *zwischen*
entregar *abgeben*
la **época** *die Epoche*
el **equipaje** *das Gepäck*
Se ha perdido mi **equipaje.** *Mein Gepäck ist verloren gegangen.*
equivocarse *sich irren, sich verwählen*
Es la moda. *Das ist Mode.*
Es lógico. *Es ist logisch.*
es *er, sie, es ist*
escalar *klettern*
el **escocés** *der Schotte*
escondido, -a *versteckt*
escuchar *zuhören*
escuchar música *Musik hören*
la **escuela de idiomas** *die Sprachschule*
la misma **escuela** *die gleiche Schule*
a **eso de las once** *gegen 11 Uhr*
Eso es lo de menos. *Das ist das allerwenigste.*
España *Spanien*
(el) español *Spanisch (auch der Spanier)*
esperar *(er-)warten, hoffen*
esquiar *Ski fahren*
Está a unos tres km. *Liegt ungefähr 3 km entfernt.*
Está aproximadamente a un km. *Liegt ungefähr 1 km entfernt.*
¿Está Pilar (en casa)? *Ist Pilar zu Hause?*
la **estación** *die Haltestelle, der Bahnhof*
el **estanco** *der Tabakladen*
estar a dieta *Diät halten*
estar a disposición *zur Verfügung stehen*
estar a punto de morirse *im Sterben liegen*
estar cansado, -a *müde sein*
estar considerado, -a (como) *angesehen werden (als)*
estar contento, -a *zufrieden, froh sein*
estar de moda *„in" sein*
estar enamorado, -a *verliebt sein*
estar enfermo, -a *krank sein*
estar loco, -a *verrückt sein*
estar malo, -a *krank sein*
estar medio muerto, -a *halbtot sein*
estar orgulloso, -a de *stolz sein auf/wegen*
estar pasado, -a de moda *aus der Mode sein*
estar prohibido, -a *verboten sein*
estar sentado, -a *sitzen*
estar situada, -o *liegen*
estar sorprendido, -a *erstaunt, überrascht sein*
el **este** *der Osten*
Estimado, -a *Geschätzter, Geschätzte*
¡Esto es el colmo! *Das ist der Gipfel!*
esto *das, dieses*
el **estómago** *der Magen*
estrecho, -a *eng, schmal*
estudiar *studieren, lernen*
estupendo, -a *toll, fabelhaft*
el **euro** *der Euro*
exactamente *ganz genau*
el **examen** *die Prüfung, Arbeit*
existir *existieren*
la **experiencia** *die Erfahrung*
explicar *erklären*

la **explotación del suelo** *die Bodennutzung*
expresar *ausdrücken*
la **extensión** *die Oberfläche*
el **extranjero** *der Ausländer, das Ausland*

F

la **fábrica de tapices** *die Teppichfabrik*
fácil *einfach*
facturar *Gepäck aufgeben*
la **falda** *der Rock*
la **falta de trabajo** *der Arbeitsmangel*
la **familia** *die Familie*
famoso, -a *berühmt*
la **farmacia** *die Apotheke*
febrero *Februar*
la **fecha** *das Datum*
en estas **fechas** *zur Zeit*
Felices Pascuas. *Schöne Weihnachten.*
la mayor **felicidad** *viel Glück*
felicitar *gratulieren*
Feliz Año Nuevo. *Gutes Neues Jahr.*
Feliz Navidad y próspero Año Nuevo. *Frohe Weihnachten und ein gutes Neues Jahr.*
feo, -a *hässlich*
la **fibra sintética** *die Kunstfaser*
la **fiebre** *das Fieber*
dar una **fiesta** *ein Fest veranstalten*
la **figura humana** *der menschliche Körper*
fijarse *auf etwas achten, beachten*
el **fin de curso** *das Semesterende*
el **fin de semana** *das/am Wochenende*
a **final de ...** *Ende ...*
al **final** *am Ende*
finalmente *zuletzt, schließlich*
la **Física** *die Physik*
al **fondo** *hinten, im Hintergrund*
de esta **forma** *so, auf diese Weise*
frecuentar *häufig besuchen*
más **frecuentado, -a** *am häufigsten besucht*
fuerte *stark, kräftig*
fumar *rauchen*
el **fusilamiento** *die Hinrichtung, Erschießung*

G

las **gafas** *die Brille*
la **gaita** *der Dudelsack*
la **ganadería** *die Viehzucht*
las **ganancias** *das Einkommen, der Verdienst*
ganar *gewinnen, verdienen*
el **gas lacrimógeno** *das Tränengas*
en **general, generalmente** *im Allgemeinen*
la **gente** *die Leute*
la **geometrización** *die geometrische Darstellung*
hacer **gimnasia** *Gymnastik treiben*
el **gobierno** *die Regierung*
gordo, -a *dick*
la **gorra** *die Mütze*
grabar *aufnehmen (auch: gravieren)*
muchas **gracias – de nada** *Vielen Dank – bitte (keine Ursache)*
gracias, igualmente *Danke, gleichfalls*
grande *groß*
gris *grau*
gritar *schreien*
guardar *aufbewahren*
el **guardia** *der Verkehrspolizist*

esas no son horas de ... *das sind keine Zeiten zum ...*
la **guerra** *der Krieg*
la Segunda **Guerra Mundial** *der 2. Weltkrieg*
la **guía telefónica** *das Telefonbuch*
gustar *gefallen*
me **gusta más** *gefällt mir besser, am besten*
lo que más me **gusta** *was mir am besten gefällt*
me **gustaría** *es würde mir gefallen*
lo que les **gustaría haber hecho** *was sie gern gemacht hätten*
me **gustaría haber inventado** *ich hätte gern erfunden*
el **gusto es mío** *ganz meinerseits*
con mucho **gusto** *sehr gerne*

H

ha habido *es hat gegeben*
¿Qué **ha pasado?** *Was ist geschehen?*
la **habitación** *das Zimmer*
la **habitación doble** *das Doppelzimmer*
hablar *sprechen*
¡**Habráse visto!** *Hat man etwas Ähnliches gesehen!*
hacer *machen*
hace un rato *vor kurzer Zeit, vor ein paar Minuten*
hacer falta *nötig sein*
hacer gimnasia *Gymnastik treiben*
Tengo que **hacer muchas cosas.** *Ich habe viele Dinge zu erledigen.*
no **hacer nada** *nichts tun*
hacer progresos *Fortschritte machen*
hacer transbordo *umsteigen*
hacer travesuras *unartig sein*
hacer una apuesta *wetten, eine Wette machen*
Tengo mucho que **hacer.** *Ich habe viel zu tun.*
hacer/practicar deporte *Sport treiben*
hacia su mujer *zu seiner Frau*
hasta *bis*
hay *es gibt*
hay que *man muss*
el **herido** *der Verwundete, Verletzte*
la **hermana** *die Schwester*
el **hermano** *der Bruder*
los **hermanos** *die Geschwister*
la **hija** *die Tochter*
el **hijo** *der Sohn*
los **hijos** *die Kinder*
la **hora** *die Stunde, Uhrzeit*
a cualquier **hora** *jederzeit*
¡Qué **horror!** *Wie schrecklich!*
horroroso, -a *fürchterlich*
hoy *heute*
hoy mismo *heute noch*
huir (de) *fliehen*

I

ida y vuelta *hin und zürück*
el **idioma** *die Sprache*
el **idioma español** *die spanische Sprache*
igualmente *gleichfalls*
imaginarse *sich vorstellen*
impedir *(ver)hindern*
No **importa.** *Es macht nichts.*
incluso *sogar*
incorporar(se) *(sich) eingliedern, einfügen*
la **independencia** *die Unabhängigkeit*
indicar *(an-)zeigen*
el **índice de paro** *die Arbeitslosenzahl*
individual *einzel (n)*
la **influencia celta** *der keltische Einfluss*

iniciar *beginnen*
inmenso, -a *überaus groß*
el **inquilino** *der Mieter*
la **inseguridad** *die Unsicherheit*
insistir *bestehen auf*
instalarse *sich nieder lassen*
intentar *versuchen*
inventar *erfinden*
invertir *investieren*
el **invierno** *der Winter*
ir a buscar *abholen*
ir a la moda *mit der Mode gehen*
ir a la montaña *ins Gebirge fahren*
ir a pasear *spazieren gehen*
ir a tomar una copa *etwas trinken gehen*
ir de compras *einkaufen gehen*
ir de mal en peor *immer schlechter werden*
irse de juerga *einen „draufmachen"*
a la **izquierda** *links*

J

el **jefe** *der Chef*
el **jefe de estación** *der Stationvorseher*
el **jersey** *der Pullover*
la **jubilación** *die Rente*
las **judías** *die Bohnen*
jueves *Donnerstag*
julio *Juli*
junio *Juni*
juntos, -as *zusammen*

L

al **lado de** *neben*
la **lana** *die Wolle*
lavar *waschen*
lavarse *sich waschen*
lavar la ropa *die Wäsche waschen*
la **leche** *die Milch*
leer *lesen*
levantarse *aufstehen*
la **leyenda** *die Legende*
libre *frei*
la **licencia de armas** *der Waffenschein*
limpiar *sauber machen*
lo *es*
lo siento (mucho) *es tut mir (sehr) leid*
estar **loco, -a** *verrückt sein*
volverse **loco, -a** *verrückt werden*
lógico, -a *logisch*
el **lugar** *der Ort*
el **lunes** *der Montag, am Montag*
los **lunes** *montags*

Ll

llamar *rufen, anrufen*
llamarse *heißen*
la **llave** *der Schlüssel*
llegar (a) *ankommen (in), erreichen*
debería haber **llegado** *hätte ankommen sollen*
llegar puntual *pünktlich ankommen*
llegar tarde *zu spät kommen*
nada más **llegar** *gleich nach der Ankunft*
al **llegar** *bei der Ankunft*
llevar *tragen, bei sich haben, hinbringen, mitnehmen*
llevarse (+ ropa, zapatos, etc.) *kaufen, mitnehmen*
llorar *weinen*

M

la **madre** *die Mutter*
la **madrugada** *die Morgendämmerung*
la **maestra** *die Lehrerin*
el **maestro** *der Lehrer, Meister*
el **maíz** *der Mais*

la **mala suerte** *das Pech*
la **maleta** *der Koffer*
estar **malo, -a** *krank sein*
por la **mañana** *vormittags*
mandar *befehlen*
la **mano** *die Hand*
la **mano de obra excedente** *überzählige Arbeitskräfte*
la **mantequilla** *die Butter*
marcar (mal) *(sich ver-) wählen*
el **marido** *der Eheman*
marrón *braun*
martes *Dienstag*
marzo *März*
más *mehr*
más de *mehr als (wenn eine Zahl folgt)*
más frecuentado *am häufigsten besucht*
más que *mehr als*
algo **más** *noch etwas (etwas mehr)*
nada **más** *nichts mehr*
el **matrimonio** *das Ehepaar*
más tarde *später*
la **máxima figura del arte** *die größte künstlerische Persönlichkeit*
mayo *Mai*
la **mayor felicidad** *viel Glück*
el **mayor** *der Ältere*
la **mayoría (de)** *die Mehrheit (von)*
la **mayoría de las veces** *meistens*
me **duele/duelen ...** *es tut mir ... weh*
Me encanta. *Ich bin begeistert, es gefällt mir außerordentlich gut.*
Me está corto, -a/largo, -a. *Es ist mir zu kurz/lang.*
con **media pensión** *Halbpension*
la **Medicina** *die Medizin*
el **médico, el doctor** *der Arzt*
estar **medio muerto, -a** *halbtot sein*
mejor *besser*
menos *weniger*
Cualquier cosa **menos esto.** *Nur das nicht.*
menos mal que ... *ein Glück noch, dass ...*
¡**Menos mal!** *Zum Glück!*
lo **menos posible** *möglichst wenig*
a **menos que** *es sei denn*
¡Ni mucho **menos!** *aber nein!*
lo **menos** *das wenigste, das mindeste*
echar de **menos** *vermissen*
ya será **menos** *so schlimm wird es wohl nicht sein*
por lo **menos** *mindestens, wenigstens*
Eso es lo de **menos.** *Das ist das allerwenigste.*
el **mercado** *der Markt (-halle)*
la **mermelada** *die Marmelade*
el **mes** *der Monat*
el **mes pasado** *letzten Monat*
el **mes próximo** *nächsten Monat*
cada **mes/todos los meses** *jeden Monat*
poner la **mesa** *den Tisch decken*
en una **mesa** *auf einem Tisch*
los **mesones** *die Weinkeller*
meterse *stecken*
el **metro** *der Meter*
la **mezcla** *die Mischung*
miércoles *Mittwoch*
el **milagro** *das Wunder*
el **minifundismo** *der Kleingrundbesitz*
mirar *(an)schauen*
mire *schauen Sie; auch: hören Sie, wissen Sie*
lo **mismo** *das Gleiche*
la **misma escuela** *die gleiche Schule*
ellos **mismos** *sie selbst*
ponerse de **moda** *Mode werden*
estar de **moda** *„in" sein*
estar pasado de **moda** *aus der Mode sein*
seguir la **moda** *mit der Mode gehen*

ir a la **moda**   *mit der Mode gehen*
Es la **moda.**   *Das ist Mode.*
los colores de **moda/actualidad**   *die Modefarben*
de **momento**   *im Moment*
ir a la **montaña**   *ins Gebirge fahren*
la **montaña**   *der Berg*
morir   *sterben*
estar a punto de **morirse**   *im Sterben liegen*
morirse (o → ue)   *sterben*
el **motivo**   *der Grund*
mucho, -a, -os, -as   *viel, viele*
muchas gracias   *vielen Dank*
muchas veces   *sehr oft*
mucho gusto   *sehr erfreut*
los **muebles**   *die Möbel*
la **muerte**   *der Tod*
muerto, -a   *tot*
el **muerto**   *der Tote*
la **mujer**   *die Frau*
multiplicar   *vervielfachen*
el **mundo laboral**   *die Arbeitswelt*
la **muralla de cemento**   *die Betonwüste*
muy bien/mal   *sehr gut/schlecht*
muy poblado, -a   *dicht besiedelt, stark bevölkert*
Muy Sr. mío :   *Sehr geehrter Herr X,*

N

nacer   *geboren sein*
nada más   *nichts mehr*
nada más llegar   *gleich nach der Ankunft*
absolutamente **nada**   *absolut nichts*
nadie   *niemand*
la **naranja**   *die Orange*
la **naranjada**   *der Orangensaft*
la **nariz**   *die Nase*
Feliz **Navidad y próspero Año Nuevo.**   *Frohe Weihnachten und ein gutes Neues Jahr.*
las **Navidades**   *Weihnachten*
necesitar   *brauchen*
negro, -a   *schwarz*
Ni hablar.   *Das kommt nicht in Frage.*
¡Ni mucho menos!   *aber nein!*
ni siquiera   *nicht einmal*
ni una gota   *nicht einen Tropfen*
ningún   *keiner*
tener un **niño**   *ein Kind bekommen/haben*
no hacer nada   *nichts tun*
no hay de qué   *nichts zu danken*
no ir bien con...   *nicht dazu passen*
el **noreste**   *der Nordosten*
normalmente   *normalerweise*
el **noroeste**   *der Nordwesten*
el **norte**   *der Norden*
al **norte/al sur (de)**   *nördlich/südlich (von)*
la **nota**   *die Note*
las **noticias**   *die Nachrichten*
noviembre   *November*
el **novio, la novia**   *der Bräutigam, die Braut (fester Freund, feste Freundin)*
de **nuevo**   *wieder, von Neuem*
el **número**   *die Zahl*
numeroso, -a   *zahlreich*

O

la **obra**   *das Werk*
los **ojos**   *die Augen*
octubre   *Oktober*
el **oeste**   *der Westen*
la **oficina**   *das Büro*
la **oficina de correos**   *das Postamt*
oír   *hören*
oiga   *wörtlich: Hören Sie!; sinngemäß: Entschuldigen Sie!   Hören Sie mal, ... (oft gebrauchter Ruf nach dem Kellner)*

¡Ojo!   *Vorsicht!*
con **ojos muy abiertos**   *mit großen Augen*
olvidar   *vergessen*
estar **orgulloso, -a de**   *stolz sein auf/wegen*
ser **orgulloso, -a**   *stolz sein (von Charakter)*
el **origen**   *der Ursprung*
originar   *verursachen*
el **otoño**   *der Herbst*
otra, -o   *andere(-r)*
otra cerveza   *noch ein Bier*
otra vez   *noch einmal, schon wieder*
oye   *hör mal*

P

el **pabellón**   *der Pavillon*
la **paciencia**   *die Geduld*
el, la **paciente**   *der Patient, die Patientin*
el **padre**   *der Vater*
los **padres**   *die Eltern*
la **paella**   *Reisgericht mit Muscheln u.a.*
pagar   *bezahlen*
el **país**   *das Land*
el **país receptor**   *das Gastland*
en el propio **país**   *im eigenen Land*
el **paisaje**   *die Landschaft*
el **pájaro**   *der Vogel*
la **(palabra) que más empleaban**   *das am häufigsten benutzte (Wort)*
pálido, -a   *blass*
el **pan**   *das Brot*
el **panecillo**   *das Brötchen*
los **pantalones**   *die Hose*
el **papel higiénico**   *das Toilettenpapier*
el **paquete**   *das Paket, die Schachtel (Zigaretten)*
el **papel**   *das Papier*
para   *für, nach, zum*
para ellos   *für sie*
para ir de vacaciones   *um in Urlaub zu fahren*
para poder ir de vacaciones   *um in Urlaub fahren zu können*
la **parada**   *die Haltestelle (Bus, Straßenbahn)*
parar   *halten*
parecer   *aussehen als ob, scheinen, meinen, finden, recht sein*
¿Te parece bien?   *Ist es dir recht?*
Me parece bien.   *Es ist mir recht.*
(Me) parece que ...   *Es scheint (mir), dass ...*
Me ha parecido que ...   *Es schien mir, dass ...*
Parece ser que ...   *Es sieht so aus, als ob ...*
¿Qué te parece?   *Was meinst du dazu?*
al **parecer**   *anscheinend*
pareces tonto   *(hier:) Bist du dumm?*
¿De parte de quién?   *Mit wem spreche ich?*
¿Qué pasa?   *Was ist los?*
...pasaba de padres a hijos   *...ging von dem Vater auf den Sohn über*
el **pasajero**   *der Passagier*
pasar   *verbringen, geschehen, vorbeikommen, verstreichen, vergehen*
pasar las vacaciones   *Urlaub verbringen*
pasár(se)lo bien   *es sich gut gehen lassen*
Felices **Pascuas.**   *Frohe Ostern!*
el **pasillo**   *der Gang*
la **pastilla, el comprimido**   *die Tablette*
el **pecho**   *die Brust*
pedir   *bestellen, bitten*
la **película**   *der Film*

poner una película   *einen Film vorführen, zeigen*
peligroso, -a   *gefährlich*
el **pelo**   *das Haar*
la **peluquería**   *der Friseursalon*
la **península**   *die Halbinsel*
la **penitencia**   *die Buße*
pensar (en)   *denken (an), vorhaben*
con **pensión completa**   *Vollpension*
con media **pensión**   *Halbpension*
los **pensionistas**   *die Rentner*
el **penúltimo**   *der Vorletzte*
pequeño, -a   *klein*
perder el tren   *den Zug verpassen*
perdón   *Entschuldigung*
perdonar/disculpar   *entschuldigen*
Perdona por la molestia.   *Entschuldigung für die Störung.*
la **peregrinación**   *die Wallfahrt*
el **peregrino**   *der Pilger*
el **periódico**   *die Zeitung*
permanecer   *(weiterhin) bleiben*
la **permanencia**   *der Aufenthalt*
la **permanente**   *die Dauerwelle*
pero   *aber*
el **perro**   *der Hund*
la **persona**   *die Person*
pertenecer (a)   *gehören*
pesarse   *sich wiegen*
la **pesca**   *der Fischfang*
las **pesetas (ptas.)**   *die Peseten*
el **peso**   *das Gewicht*
picar   *jucken*
el **pie**   *der Fuß*
la **piel/el cuero**   *das Leder*
la **pierna**   *das Bein*
pintar   *malen*
el **pintor**   *der Maler*
mi **pintor preferido**   *mein Lieblingsmaler*
pintoresco   *malerisch*
la **pintura**   *die Malerei*
la **piscina**   *das Schwimmbad*
el **piso**   *das Stockwerk*
la **pistola**   *die Pistole*
la **pluma**   *die Feder*
la **población**   *die Bevölkerung*
la **población activa**   *die arbeitende Bevölkerung*
muy **poblado, -a**   *dicht besiedelt, stark bevölkert*
un **poco**   *ein wenig*
poder   *können*
No sé si voy a poder ir.   *Ich weiß nicht, ob ich fahren kann.*
la **polémica**   *die Auseinandersetzung*
poner la mesa   *den Tisch decken*
poner una película   *einen Film vorführen, zeigen*
¿Qué película ponen?   *Welcher Film läuft?*
¿Se puede poner...?   *(hier:) Kann ich .... sprechen?*
ponerse + Kleidungsstück   *etwas anziehen*
ponerse a (trabajar, leer...)   *anfangen, etwas zu tun*
ponerse de acuerdo   *übereinkommen*
ponerse de moda   *Mode werden*
ponerse enfermo, -a   *krank werden*
ponerse nervioso, -a   *nervös werden*
por + Infinitiv = porque
por desgracia/desgraciadamente   *leider*
por estar situada   *weil sie .. gelegen ist*
por favor   *bitte schön*
por la mañana   *vormittags*
por la mañana temprano   *am frühen Morgen*
por la tarde   *nachmittags*

por las tardes nachmittags (jeden Nachmittag)
por lo menos mindestens, wenigstens
por mi trabajo wegen meiner Arbeit
por mí meinetwegen
por qué warum
por separado getrennt
por suerte zum Glück
por supuesto selbstverständlich, sehr gerne
porcentaje muy inferior al ein viel geringerer Anteil als
porque weil
el **portaequipajes** das Gepäcknetz
el **portal** die Haustüre
el **portero automático** der automatische Türöffner
poseer besitzen
la **postal** die Postkarte
la **potencia turística** (Land mit den meisten Touristen)
practicar el turismo betreiben
practicar/hacer deporte Sport treiben
preferentemente vorwiegend, hauptsächlich
preferir vorziehen
preguntar fragen
No te **preocupes.** Mach dir keine Sorgen.
preparar vorbereiten
presentar vorstellen
la **primavera** der Frühling
la **primera/última vez** das erste/letzte Mal
primero zuerst, erste
el **primo** der Vetter, Cousin
el **principal factor de financiación** die Hauptfinanzierungsquelle
probar (o → ue) probieren
probarse anprobieren
el **problema** das Problem
el **problema de paro** das Arbeitslosenproblem
los **problemas amorosos** der Liebeskummer
procedente de stammend aus
producirse geschehen
el **profesor** der Lehrer
hacer **progresos** Fortschritte machen
estar **prohibido** verboten sein
prohibir verbieten
pronto bald
el **propietario** der Besitzer, Eigentümer
la **propina** das Trinkgeld
proporcionar ver-, beschaffen
pruébala (la comida) probiere es! (das Essen)
el **pueblo** das Dorf
me **puede poner** (hier): ich hätte gerne
¿**Puedo ayudarle?** Darf ich Ihnen helfen?
Ya no **puedo más.** Ich kann nicht mehr.
¿En qué **puedo servirle/servirla-**? Womit kann ich Ihnen dienen?
la **puerta** die Tür
la **puerta de embarque** der Ausgang ("Gate")
pues na ja
el **puesto (de trabajo)** die (Arbeits-)Stelle
los **puntos cardinales** die Himmelsrichtungen

Q

qué was, was für ein, welche
¡**Qué aburrido!** Wie langweilig!
¡**Que aproveche!** Guten Appetit!
¡**Qué barbaridad!** Wie schrecklich!
¡**Qué bien!** Toll/prima!

¿**Qué culpa tengo yo?** Ist es etwa meine Schuld?
¿**Qué ha pasado?** Was ist geschehen?
¡**Qué horror!** Wie schrecklich!
¡**Qué mala suerte!** Was für ein Pech!
¿**Qué pasa?** Was ist los?
¿**Qué película ponen?** Welcher Film läuft?
¡**Qué sorpresa!** Was für eine Überraschung!
¡**Qué suerte!** Was für ein Glück!
¿**Qué tal?** Wie (geht's)?
¿**Qué talla tiene/necesita/usa?** Welche Größe haben/brauchen/benutzen Sie?
quedar (hier:) sich verabreden
quedar bien/mal gut/schlecht stehen (s. Gramm.)
quedar en manos de (ver-)bleiben bei
quedarse con (+ ropa, zapatos) kaufen, mitnehmen (s. Gramm.)
quedarse bleiben
querer wollen, lieben (nur für Personen)
Querido, -a Lieber, Liebe
la **Química** die Chemie
quisiera ich hätte gerne, ich möchte
quitarse + Kleidungsstück etwas ausziehen
quizá(s) vielleicht

R

rápidamente schnell
el **rascacielos** der Wolkenkratzer
rascar kratzen
el **Rastro** Flohmarkt in Madrid
un **rato** eine Weile
recibir bekommen, erhalten
recomendar (e → ie) empfehlen
recordar (o → ue) jdm. an etwas erinnern
recordar (sich) daran erinnern
el **recuerdo** die Erinnerung, das Andenken
el **refrán** das Sprichwort
regresar zurückkehren
el **reloj** die Uhr
representar darstellen
la **reserva de asiento** die Platzreservierung
reservar reservieren
respecto a in Bezug auf
responder, contestar antworten
la **respuesta** die Antwort
el **restaurante** das Restaurant
el **retrato** das Portrait
el **revisor** der Schaffner
la **revista** die Zeitschrift
el **rey** der König
la **ría** die Meeresbucht
los **rincones pintorescos** malerische Ecken, Plätze
robar stehlen
la **rodilla** das Knie
rojo, -a rot
la **ropa** die Kleidung, die Wäsche
la **ropa de verano** die Sommerkleidung
la **ropa interior** die Unterwäsche
rosa rosa

S

el **sábado** der Samstag, am Samstag
los **sábados** samstags
saber wissen, können
sacar herausnehmen, herausziehen, herausstrecken
sacar un billete eine Fahrkarte lösen
el **sacerdote, el cura, el padre** der Priester

la **sala (de exposiciones)** der (Ausstellungs)raum
salir (de) rausgehen, (von) abfahren
¡**Salud!** Prost!
¡A tu **salud!** Auf dein Wohl!
Le **saluda atentamente** Mit freundlichen Grüßen
Saludos (muy cordiales) (Herzliche) Grüße
las **sandalias** die Sandalen
satisfacer zufrieden stellen, befriedigen
sé bueno, -a sei lieb, sei so gut
¿**Se me verá ...?** Wird man bei mir ... sehen?
¿**Se puede poner ...?** (Am Telefon) Kann ich ... sprechen?
la **secretaria** die Sekretärin
la **seda** die Seide
en **seguida** sofort
todo **seguido** gerade aus
seguir folgen
seguir + Gerundio weitermachen
seguir la moda mit der Mode gehen
poca **seguridad laboral** wenig Sicherheit bei der Arbeit
seguro sicher (hier: genau)
el **sello** die Briefmarke
el **semáforo, el disco** die Ampel
la **semana** die Woche
la **semana pasada** letzte Woche
la **semana próxima** nächste Woche
cada **semana/todas las semanas** jede Woche
la **semiparalización** teilweise Stilllegung
sentar bien/mal gut/schlecht sitzen
sentarse sich setzen
por separado getrennt
septiembre September
ser orgulloso, -a stolz sein (von Charakter)
ser/estar casado, -a verheiratet sein
ser/estar divorciado, -a geschieden sein
ser/estar soltero, -a ledig sein
ser/estar viudo, -a verwitwet sein
sereno heiter (Wetter), ruhig (Personen, Meer)
el **sereno, el vigilante nocturno** der Nachtwächter
¿**Sería posible?** Würde es möglich sein?
en **serio/en broma** im Ernst/im Spaß
los **servicios** die Toiletten
la **servilleta** die Serviette
servir servieren, dienen
¿**En qué puedo servirla/servirle?** Womit kann ich Ihnen dienen?
si wenn, falls, ob
casi **siempre/nunca** fast immer/nie
lo **siento (mucho)** es tut mir (sehr) leid
Siga insistiendo. Versuchen Sie es weiter.
el **siglo** das Jahrhundert
sin descanso ohne Pause, ununterbrochen
sin lugar a dudas ohne Zweifel
el **sitio/lugar** der Ort
la **situación geográfica** die geographische Lage
estar **situada, -o** liegen
por estar **situada** weil sie .. gelegen ist
sobre todo vor allem
sólo nur
ser/estar soltero, -a ledig sein
el **sombrero** der Hut
sombrío düster
el **somnífero** das Schlafmittel
sonar läuten
sorprendido, -a erstaunt, befremdet, überrascht
estar **sorprendido, -a** erstaunt, überrascht sein
la **sorpresa** die Überraschung

¡Qué **sorpresa!**   *Was für eine Überraschung!*
subir(se) al tren   *in den Zug einsteigen*
sucio, -a   *schmutzig*
sueco, sueca   *Schwede, Schwedin,
schwedisch*
el **sueldo fijo**   *das feste Gehalt*
¡Qué **suerte!**   *Was für ein Glück!*
¡Qué mala **suerte!**   *Was für ein Pech!*
tener la **suerte**   *das Glück haben*
por **suerte**   *zum Glück*
sufrir   *(er-)leiden*
la **superpoblación**   *die Überbevölke-
rung*
por **supuesto**   *selbstverständlich, sehr
gerne*
el **sur**   *der Süden*
el **sureste**   *der Südosten*
el **suroeste**   *der Südwesten*

T

el **tablao flamenco**   *kleine Flamencobühne*
tal vez   *vielleicht*
la **talla**   *die Größe*
¿Qué **talla tiene/necesita/usa?**   *Welche
Größe haben/brauchen/benutzen Sie?*
el **taller mecánico**   *die Werkstatt*
también   *auch*
tampoco   *auch nicht*
tan   *so*
tan tarde   *so spät*
tapar   *be-, ver-, zudecken*
las **tapas**   *kleine Portionen verschiedener Speisen*
tarde   *spät*
por la **tarde**   *nachmittags*
por las **tardes**   *nachmittags, jeden
Nachmittag*
la **tasca**   *die Kneipe*
la **taza**   *die Tasse*
los **tejidos**   *die Stoffarten*
los **temas populares**   *die volkstümli-
chen Themen*
la **temperatura media**   *die durch-
schnittliche Temperatur*
temprano   *früh*
¡**Ten/tenga cuidado!**   *Pass/Passen Sie auf!*
tener   *haben*
tener dolor de cabeza   *Kopfschmerzen
haben*
tener dolor de estómago   *Magen-
schmerzen haben*
tener dolor de muelas   *Zahnschmer-
zen haben*
tener en cuenta   *in Betracht ziehen,
berücksichtigen*
tener la suerte   *das Glück haben*
tener mala cara   *schlecht aussehen*
tener mala suerte   *Pech haben*
tener que   *müssen*
tener un accidente   *einen Unfall haben*
tener un niño   *ein Kind bekommen*
tenga   *hier haben Sie (Imperativ v. tener)*
Tengo mucho que hacer.   *Ich habe viel
zu tun.*
**Tengo que hacer muchas cosas./ Tengo
muchas cosas que hacer.**   *Ich habe
viele Dinge zu erledigen.*
terminar (de)   *beenden, aufhören*
el **terremoto**   *das Erdbeben*
terrible   *fürchterlich*
la **tía**   *die Tante*
el **tiempo**   *die Zeit*
el **tiempo libre**   *die Freizeit*
en aquel **tiempo**   *damals*
con el **tiempo**   *im Laufe der Zeit*
al mismo **tiempo**   *gleichzeitig*
A mal **tiempo, buena cara**   *Gute Miene
zum bösem Spiel*

la **tienda**   *der Laden, das Geschäft*
¿**Tienes algún plan?**   *Hast du etwas vor?
(wörtlich: Hast du irgend einen Plan?)*
la **tierra de regadío**   *bewässertes Land*
tocar la guitarra   *Gitarre spielen*
tocar la lotería   *im Lotto gewinnen*
todavía   *noch, immer noch*
todo derecho   *geradeaus*
en **todo detalle**   *in jeder Hinsicht*
todo el día   *den ganzen Tag*
todo junto   *alles zusammen*
todo seguido   *geradeaus*
todos los días   *alle Tage, jeden Tag*
tomar   *nehmen, trinken (bei Kaffee u.
Tee: immer tomar)*
¡**Toma!**   *Nimm!*
tomar asiento   *Platz nehmen*
¡**Tome!**   *Nehmen Sie!*
la **tortuga**   *die Schildkröte*
trabajar   *arbeiten*
por mi **trabajo**   *wegen meiner Arbeit*
traer   *bringen*
el **tráfico**   *der Autoverkehr*
tráigame   *bringen Sie mir*
el **traje**   *der Anzug*
tranquilo, -a   *ruhig*
la **tranquilidad nocturna**   *die nächtli-
che Ruhe*
con **tranquilidad**   *mit Ruhe*
hacer **transbordo**   *umsteigen*
tratarse de   *sich handeln um*
hacer **travesuras**   *unartig sein*
¡Vaya **tren de vida que lleva!**   *Er lebt
auf großem Fuß.*
El **tren ha llegado con retraso.**   *Der
Zug ist mit Verspätung angekommen.*
El **tren ha llegado puntualmente.**   *Der
Zug ist pünktlich angekommen.*
El **tren lleva 1 h de retraso.**   *Der Zug
hat eine Stunde Verspätung.*
Vas a perder el **tren.**   *Du wirst deinen
Zug verpassen.*
el **trigo**   *der Weizen*
triunfante   *triumphierend*
el **turismo**   *der Tourismus*
los **turistas de paso**   *durchreisende
Touristen*

U

el **último**   *der Letzte*
la **última moda**, la **última novedad**   *die
neueste Mode*
últimamente   *in der letzten Zeit*
el **último grito**   *der letzte Schrei*
el **último/pasado año**   *letztes Jahr*
Un día es un día.   *Ein Mal ist kein Mal.*
un día muy frío de invierno   *eines
sehr kalten Wintertages*
un poco antes   *etwas früher*
una tras otra   *eins nach dem anderen*
una vez   *einmal*
unas cuantas cositas   *ein paar Kleinigkeiten*
la **Universidad**   *die Universität*
unos días   *ein paar Tage*
usar   *benützen*
el **uso**   *die Anwendung*

V

pasar las **vacaciones**   *Urlaub verbringen*
para ir de **vacaciones**   *um in Urlaub zu
fahren*
para poder ir de **vacaciones**   *um in Urlaub fahren zu können*
el **vagón de literas**   *der Liegewagen*
vale   *einverstanden*
(No) **vale/merece la pena.**   *Es lohnt
sich (nicht).*

¡(**Vamos) anda!**   *Ach, komm!*
¿**Vamos bien/mal por aquí?**   *Sind wir
hier richtig/falsch?*
¡**Vamos!/!Vámonos!**   *Los, gehen wir!*
los **vaqueros**   *die Jeans*
vaya   *gehen Sie (Imperativ)*
¡**Vaya, hombre!**   *Na so was!/Men-
schenskinder!*
dos **veces**   *zweimal*
muchas **veces**   *sehr oft*
la mayoría de las **veces**   *meistens*
a **veces**   *manchmal*
muchas **veces**   *sehr oft*
el **vendedor**   *der Verkäufer*
vender   *verkaufen*
¡**Venga!**   *Komm!, los!*
¡**Venga, vamos!**   *Komm, lasst uns gehen!*
venir   *kommen*
la **ventanilla**   *der Schalter*
al **ver**   *als er sah*
ver   *sehen*
el **verano**   *der Sommer*
De **veras/de verdad.**   *Im Ernst/wirk-
lich/es ist wahr.*
la **verdad es que**   *(hier): in der Tat*
¿**verdad?**   *nicht wahr?*
verde   *grün*
el **vestido (de noche)**   *das (Abend-
)kleid*
vestirse   *sich anziehen*
¡**Vete/Vaya Ud. a saber!**   *Wer weiß!*
en **vez de + sustantivo**   *(an)statt*
en **vez de +verbo**   *(an)statt zu ...*
de **vez en cuando**   *ab und zu*
una **vez**   *einmal*
a la **vez**   *gleichzeitig, zugleich*
tal **vez**   *vielleicht*
cada **vez**   *jedes Mal*
otra **vez**   *noch einmal, schon wieder*
la **vía**   *das Bahngleis*
el **viaje de negocios**   *die Geschäftsreise*
el **viaje de novios**   *die Hochzeitsreise*
la **víctima**   *das Opfer*
la **vida**   *das Leben*
viernes   *Freitag*
vigilar   *bewachen, wachen*
el **vino blanco**   *der Weißwein*
el **vino tinto**   *der Rotwein*
violeta   *lila*
¡**vístete!**   *Ziehe dich an!*
ser/estar **viudo, -a**   *verwitwet sein*
la **vivienda, el piso**   *die Wohnung*
vivir   *leben, wohnen*
¡**Vivir para ver!** (Redewendung)   *Was
es nicht alles gibt!*
volver   *zurückkommen*
volver a + infinitivo   *wieder etwas tun*
volver a abrirse   *sich wieder öffnen*
volver a echar   *wieder einwerfen*
volver a gozar   *wieder genießen*
volverse loco, -a   *verrückt werden*
volverse   *sich umdrehen, sich wenden an*
el **vuelo**   *der Flug*
la **vuelta**   *das Rückgeld*

Y

ya   *schon*
Ya es hora.   *Es ist schon Zeit.*
Ya está bien.   *Es reicht (es ist schon gut).*
Ya no puedo más.   *Ich kann nicht mehr.*
ya que   *da, weil*
Ya será menos.   *So schlimm wird es
wohl nicht sein.*
yo que usted   *ich an Ihrer Stelle*

Z

los **zapatos**   *die Schuhe*

Die Iberische Halbinsel
und die spanischen Inseln

ISLAS CANARIAS

La Palma
Gomera
Hierro
Tenerife
Gran Canaria
Fuerteventura
Lanzarote

NORTE
NOROESTE
NORESTE
OESTE
ESTE
SUROESTE
SURESTE
SUR
CENTRO

Lateinamerika

MÉXICO

México

CUBA — La Habana

HAITÍ

JAMAICA

REP. DOMINICANA

PUERTO RICO

BELIZE
Belmopan

GUATEMALA
Guatemala
San Salvador
EL SALVADOR

HONDURAS
Tegucigalpa

NICARAGUA
Managua

San José
COSTA RICA

Panamá

PANAMÁ

Caracas

VENEZUELA

TRINIDAD + TOBAGO

GUAYANA
Georgetown
SURINAME
Paramaribo
GUAYANA FRAN.
Cayenne

Bogotá

COLOMBIA

ECUADOR

Quito

PERÚ

BRASIL

Lima

La Paz

Brasilia

BOLIVIA

CHILE

PARA-
GUAY

Asunción

ARGENTINA

URUGUAY

Santiago de Chile

Buenos Aires

Montevideo

Viedma

Staaten, in denen
Spanisch gesprochen wird.

Español Actual – Lehrbuch 1 © FELDHAUS VERLAG, Hamburg